아웃룩 익스프레스
7일 만에 끝내기

Seven Days Master Series

아웃룩 익스프레스
7일 만에 끝내기

• 조남관 지음 •

살림

프롤로그

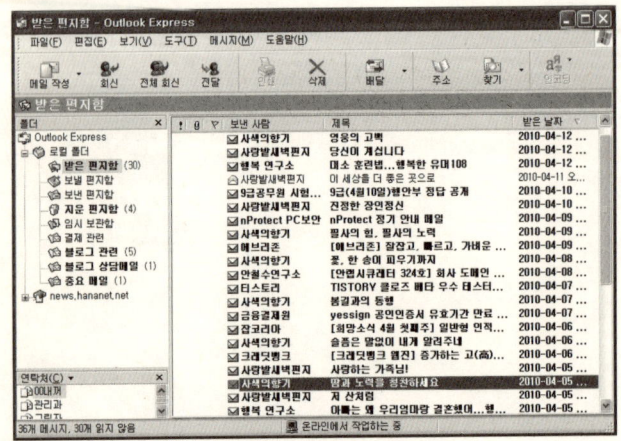

유능한 직장인, 비즈니스맨은 왜 아웃룩 익스프레스를 쓰는가?
그 해답은 이 책의 몇 쪽만 읽어봐도 곧 알 수 있을 것이다.

"아웃룩 익스프레스에 관한 워크북을 만들어 봅시다."

출판사로부터 이 책의 집필 제의를 받았을 때 맨 처음엔 고사할 생각이었다. 그러나 시중에 유료인 아웃룩 관련 책은 많이 나와 있지만, 무료로 제공되는 소프트웨어인 아웃룩 익스프레스 관련 책은 수입 서적 한 권밖에 없어 마침

내 출간을 결심하게 되었다.

　아웃룩이나 아웃룩 익스프레스는 이메일을 한곳에서 손쉽게 관리할 수 있는 이메일 관련 프로그램이라는 점에서 보면 같은 프로그램이라 할 수 있다. 또한 아웃룩 익스프레스가 아웃룩의 이메일 관리 모듈을 떼어서 무료로 제공하기 위해 만들어졌다는 점에서 기능도 역시 같은 프로그램이라고 할 수 있다.

　하지만 편의성이나 이용성 측면에서 보면 아웃룩과 아웃룩 익스프레스는 분명 차이가 있다. 아웃룩은 유료 구매를 하지 않으면 이용할 수 없으나, 아웃룩 익스프레스는 윈도가 설치된 컴퓨터에서는 무료로 제공된다.

　두꺼운 책보다는 얇은 책이 읽거나 공부하기에 덜 부담스럽듯이 아웃룩 익스프레스도 아웃룩보다는 배우고 이용하기가 훨씬 쉽다.

　그런데도 아웃룩 익스프레스 관련 서적이 출간되지 않은 이유는 책이 너무 얇아져 타산이 맞지 않을 우려가 있기 때문 아니있을까 생각한다. 그럼에도 불구하고 누구나 모르면 손해이고 알면 몇 배의 효율을 얻을 수 있는 아웃룩 익스프레스에 관해 작고 저렴한 워크북을 출간하자는 제의를 해준 살림출판사에 감사드린다.

요즘엔 누구나 이메일을 이용한다. 하지만 받을 이메일이 많아지면 확인하는 데에도 만만치 않은 시간이 소요된다. 또한 체계적인 관리가 쉽지 않아 더러 중요한 메일을 확인하지 못하는 경우도 있다.

아웃룩 익스프레스를 사용하면 이런 문제를 해결할 수 있고, 특히 직장인의 경우라면 이메일을 잘 활용하여 업무 능률을 크게 높일 수 있다.

아웃룩 익스프레스는 여러 개의 이메일 계정을 한꺼번에 관리할 수 있는 프로그램이다. 각각의 계정을 로그인 절차 없이 한 번에 읽어들이고, 중요한 메일이 도착하면 알려주는 기능이 있다. 또 불필요한 메일을 차단하고, 메일을 종류별로 자동 분류하여 관리할 수 있으며, 주소록을 이용해 그룹별로 이메일을 보낼 수도 있다.

이 책은 바쁘게 살아가는 현대인, 특히 직장인들이 꼭 알아야 할 이메일 관리 프로그램인 아웃룩 익스프레스를 짧은 시간 투자하여 쉽게 배우고 곧바로 활용할 수 있도록 쓰여졌다. 컴퓨터에 대한 지식이 없어도 쉽게 따라 할 수 있게 가급적 전문 용어를 자제하고, 각 설명마다 실제 실행 화면을 실어놓았다.

또한 아웃룩 익스프레스를 이용한 메일 주고받기와 관리 등 주요 기능 위주로 구성했으며, 독자에 따라서 궁금해 할 수 있는 부가적인 기능이나 옵션을 부록으로 담아서 프로그램의 활용도를 최대한 높이고자 했다.

아무쪼록 이 책이 여러분의 업무와 일상에 많은 도움이 되길 바란다.

조남관

contents

프롤로그 004

step 1. 아웃룩 익스프레스를 배우는 이유
아웃룩 익스프레스, 직장인에게 선택이 아니라 필수 013
아웃룩 익스프레스, 누가 쓰면 좋을까 018
프로그램 사용 전 반드시 알아야 할 것 024

step 2. 아웃룩 익스프레스 시작하기
아웃룩 익스프레스, 윈도가 무조건 쏜다 031
계정과 환경 설정하기 034

step 3. 아웃룩 익스프레스로 메일 주고받기
이메일 작성하고 보내기 047
주소록 제대로 활용하기 052
여러 계정의 메일도 한꺼번에 읽는다 054

step 4. 아웃룩 익스프레스의 활용 ①
여러 대의 컴퓨터에서 메일 읽기 059
받은 메일 보관 위치 내 맘대로 바꾸기 062
메일 필터링을 이용한 스팸 처리와 메일 자동 분류 066

step 5. 아웃룩 익스프레스의 활용 ②

그룹으로 메일 전송하기 075

유즈넷의 활용 080

step 6. SOS 아웃룩 익스프레스

PC에 아웃룩 익스프레스가 설치되지 않았을 때 091

첨부 파일이 다운로드되지 않을 때 093

답장 보낸 이메일 주소 자동으로 추가하기 095

윈도 탐색기에서 파일 첨부해서 메일 보내기 097

마우스 오른쪽 클릭 시 편지 수신자가 안 뜰 때 099

아웃룩 익스프레스 데이터 백업 및 복원 101

메시지 규칙 저장 방법 105

주소록 백업하기 110

한메일에서 주소록 가져오기 113

네이버 메일 아웃룩 익스프레스에서 읽기 120

step 7. 윈도7 이용자를 위한 MS 아웃룩 활용

MS 아웃룩 실행과 설정 129

MS 아웃룩으로 메일 보내기와 받기 137

부록. 아웃룩 익스프레스 200% 활용 팁 139

Seven Days Master Series

step 1

아웃룩 익스프레스를 배우는 이유

아웃룩 익스프레스,
직장인에게 선택이 아니라 필수

전자 메일을 흔히 이메일이라고 한다. 그런데 "뭐 하러 이메일을 관리해? 그냥 로그인해서 읽으면 그만이지!"라고 말하는 사람이 있다면 그는 아마 이메일 관리 프로그램이 있다는 사실조차 모르는 사람임에 틀림없다.

아웃룩 익스프레스가 도대체 뭐기에

유능한 직장인, 비즈니스맨은 왜 아웃룩 익스프레스를 쓰는가? 그 해답은 이 책의 몇 쪽만 읽어봐도 곧 알 수 있을 것이다.

아웃룩 익스프레스(Outlook Express)는 PC에 마이크로소프트 사의 윈도(Windows) 프로그램을 깔면 자동으로 설

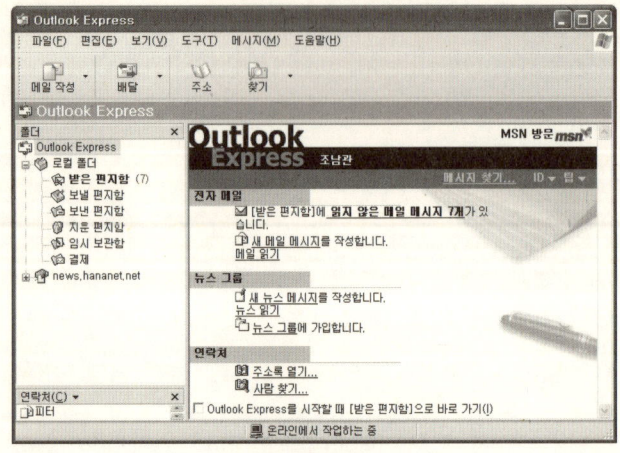

아웃룩 익스프레스 메인 화면

치되는 전자 메일 관리 프로그램이다.

아웃룩 익스프레스를 이용하면 여러 계정의 이메일을 한곳에서 모두 읽을 수 있고, 그룹별로 메일 관리를 할 수 있으며, 한 번에 수백 명에게 메일을 보낼 수도 있다.

아웃룩 익스프레스에는 전자 메일 관리에 필요한 대부분의 기능뿐 아니라 주소록 관리, 뉴스 그룹 설정 등 고급 기능도 포함되어 있다.

step 1. 아웃룩 익스프레스를 배우는 이유

여러 계정 메일을 로그인 없이 한 번에

아웃룩 익스프레스의 가장 편리한 기능이라면 여러 계정의 이메일을 각각 로그인하지 않고도 한 번에 모두 확인할 수 있다는 점이다.

일반적으로 많은 인터넷 이용자들은 회원 가입만 하면 무료로 제공되는 다음(Daum), 네이버(Naver), 야후(Yahoo), 구글(Google) 등 포털 사이트의 웹메일을 이용한다.

또 직장인은 회사(관공서, 공사 포함)에서 제공하는 이메일을 사용해야 하는 경우가 많은데, 대기업이나 공공 기관은 대체로 각종 공지나 업무 지침, 업무 진행 상황 등을 사내 메일을 통해 전달하기 때문이다.

이때 직장인은 다음, 네이버 등의 포털에서 제공하는 웹메일과 회사에서 제공하는 회사 메일, 인터넷 통신사(KT쿡, SK브로드밴드 등)에서 제공하는 이메일 등 적어도 5~6개 이상의 이메일 계정을 갖게 된다.

이렇게 많은 이메일 계정을 모두 확인하려면 각각의 이메일 계정을 하나하나 로그인해야 한다. 즉 네이버 메일을 확인하기 위해서는 네이버에 접속해야 하고, 다음 메일을 확인하기 위해서는 다음에 로그인해야 한다. 또한 네이트나 통신사, 회사 이메일을 확인하기 위해서도 각각의 사이트에 로그인을 해야 한다.

하지만 아웃룩 익스프레스를 이용한다면 여러 사이트에 접속할 필요도 없고, 각각 로그인할 필요도 없다. 아웃룩 익스프레스만 실행하면 모두 한 번에 이메일을 확인할 수 있기 때문이다.

또 회사 이메일 계정의 경우 웹메일을 제공하지 않는 수도 있다. 웹메일을 제공하지 않으면 이메일을 읽을 수 없기 때문에 아웃룩 익스프레스나 MS 아웃룩 같은 프로그램을 이용해 이메일을 읽어야 한다.

그러므로 사업가, 프리랜서, 직장인, 공무원이 아웃룩 익스프레스의 사용법을 익히는 것은 필수 사항이라 할 수 있다.

직장인의 업무 속도를 높여주는 필수 도구

아웃룩 익스프레스의 가장 큰 장점은 속도이다. 여러 사이트를 이용하면서 이메일을 확인하다 보면 페이지 로딩 속도가 느려서 사이트 접속, 로그인, 메일 목록, 메일 내용을 확인하는 데 시간 소모가 크다. 또 이메일을 확인하는 모든 과정이 인터넷에 연결되어 있어야만 가능하다.

하지만 아웃룩 익스프레스는 메일 서버에 직접 접속하여 실제로 필요한 이메일 데이터만 읽어오기 때문에 구동이 간단하고 많은 시간을 절약할 수 있고 이용하는 내내 로딩 지연 현상을 볼 수 없다.

요컨대, 아웃룩 익스프레스가 직장인들의 업무 속도를 높여주는 필수 도구라고 하는 이유는 다음과 같다.

- PC에서 구동되므로 웹에 비해 속도가 매우 빠르다.
- 여러 계정의 이메일을 한 번에 모두 읽어올 수 있다.
- 불필요한 페이지 로딩이나 ActiveX 컨트롤을 설치할 필요가 없다.
- 중요 메일이나 발신자별, 주제별로 분류하여 관리하기가 쉽다.
- 주소록 관리가 매우 편리하다.
- 수십, 수백 명에게 동시 메일 발송이 가능하다.
- 읽어들인 메일은 PC에 저장되어 있어 인터넷에 접속하지 않아도 확인이 가능하다.

아웃룩 익스프레스, 누가 쓰면 좋을까

컴퓨터 프로그램은 모든 사람을 위해 만들어진 것이 아니다. 아웃룩 익스프레스 역시 모든 PC 사용자들을 위해 만들어진 것이 아니라 이메일의 확인과 관리를 빠르고 체계적으로 해야 하는 사람을 위해 만들어진 프로그램이다.

모르면 손해, 아는 만큼 빠르고 편하다

그렇다면 아웃룩 익스프레스는 어떤 사람이 사용하면 좋을까? 딱히 정해진 것은 아니지만 상황에 따라 업무의 효율을 높이고, 시간을 절약하고, 생산성을 높이고자 하는 사람이라면 누구나 아웃룩 익스프레스를 아주 유용하게 사용할 수 있을 것이다.

step 1. 아웃룩 익스프레스를 배우는 이유

특히 다음과 같은 사람들에게 아웃룩 익스프레스 사용을 권한다.

1) 이메일 계정이 많은 사람

이메일 계정을 많이 갖고 있는 사람이라면 필히 아웃룩 익스프레스를 사용하는 것이 좋다.

참고로 필자는 회사 전용 메일 계정, 다음(2개), 네이버(2개), 파란, 네이트, 야후, 구글, SK브로드밴드, 회사 홈페이지 관리자 메일 계정 등을 갖고 있으며 그중에서 회사 메일 계정 2개와 네이버 2개, 다음 1개, 네이트, 구글, SK브로드밴드 이메일 계정을 주로 사용한다.

이 많은 이메일 계정을 모두 확인하기 위해서는 아웃룩 익스프레스 사용이 필수다. 앞에서도 말했지만 모든 계정을 일일이 로그인할 필요가 없고, 한 번의 클릭으로 모든 이메일 계정을 확인할 수 있기 때문이다.

2) 이메일을 자주 확인해야 하는 사람

이메일을 자주 확인해야 한다면 주기적으로 해당 포털 사이트에 로그인을 해야 할 것이다. 따라서 확인해야 할 이메일 계정이 많을수록 더욱 번거롭고 시간 소모가 많아

진다. 이렇게 업무상 이메일을 자주 확인해야 하는 사람도 아웃룩 익스프레스가 필요한 사람이다.

아웃룩 익스프레스는 지정한 시간 간격마다 새 메일이 왔는지 자동으로 확인하고 새 메일이 있으면 신호음으로 알려준다. 따라서 일부러 이메일이 도착했는지 로그인할 필요가 없고 불필요하게 확인 작업을 하지 않아도 된다.

영화나 드라마에서 이메일이 오면 컴퓨터가 '딩동!' 하는 신호음을 내고 "메일이 도착했습니다."라는 안내 메시지를 내보내는 장면을 본 적이 있을 것이다. 그때 영화나 드라마에서는 바로 아웃룩 익스프레스와 같은 메일 관리 프로그램을 사용한 것이다.

3) 많은 양의 이메일을 받는 사람이나 보내는 사람

이메일을 오래 사용하다 보면 광고 메일(스팸 메일)을 많이 받게 된다. 받는 메일의 90%가 스팸 메일일 정도로 불필요한 메일을 많이 받는 사람이나 이메일을 수십, 수백 명에게 보내야 하는 사람에게도 아웃룩 익스프레스가 필요하다.

아웃룩 익스프레스에는 광고 메일을 자동으로 삭제하거나 별도의 보관함으로 걸러내는 필터링 기능이 있어서 더 이상 광고 메일 때문에 골치를 썩을 일이 없다.

또한 주소록에 등록된 모든 이메일 주소로 메일을 보내거나 지정한 그룹으로 메일을 보내는 기능이 있으므로 모임이나 단체 회원 관리에 매우 유용하다.

4) 메일 관리를 체계적으로 해야 하는 사람

발송자별, 내용별로 그룹화하여 메일을 관리하는 사람 역시 아웃룩 익스프레스를 이용하면 매우 편리할 것이다.

아웃룩 익스프레스에는 메시지 규칙(filtering)을 지정하여 메일을 종류별로 자동 분류하는 기능이 있으므로 메일을 보다 체계적으로 관리할 수 있다.

위 사항에 포함되지 않는 경우라 할지라도 하루에 한 번 이상 이메일을 확인하는 사람이라면 아웃룩 익스프레스를 이용하길 권한다. 한 번만 사용해보면 아웃룩 익스프레스의 편리하고 멋진 매력에 쏙 빠지게 될 것이다.

아웃룩 익스프레스, 이럴 때 편리하다

이렇게 편리한 아웃룩 익스프레스에는 앞에서 언급한 내용 외에 아주 편리한 기능들이 많다. 아웃룩 익스프레스의 대표적인 기능으로서 자주 사용하는 기능과 편리한 기능을 열거하면 다음과 같다.

- 이메일 읽기와 보내기
- 다량의 메시지(이메일) 관리
- 뉴스 그룹 보기 및 게시
- 주소록 관리
- 편지지 만들기
- 필터링 기능을 이용한 메일 자동 분류
- 메일 차단 기능(스팸 등)
- 오프라인 상태에서 메일 읽기

위에서 필터링 기능이 다소 생소하게 여겨질지도 모르겠다. 필터링은 메일을 종류별로 폴더에 저장하여 쉽게 관리할 수 있도록 해주는 기능이다. 몇 가지 설정만 해두면 알아서 자동으로 척척 분류해준다.

아웃룩 익스프레스에는 더 많은 기능이 있지만 이 정도 기능만 쓸 줄 알아도 주변에서 아웃룩 익스프레스를 능숙하게 다룬다는 소리를 들을 수 있고, 충분히 편리하게 활용할 수 있다.

각각의 기능에 대한 사용법과 세부 설명은 다음 과정에서 자세히 다루도록 하겠다.

프로그램 사용 전
반드시 알아야 할 것

아웃룩 익스프레스를 사용하려면 우선 자신이 이용하는 계정의 이메일 주소는 물론, 받는 메일 서버(POP3, IMAP) 주소, 보내는 메일 서버(SMTP) 주소, 아이디, 비밀번호를 알아두어야 한다.

받는 메일 서버와 보내는 메일 서버

받는 메일 서버는 이메일을 보관하고 있다가 메일 수신자가 이메일을 확인할 때 보여주는 서버이고, 보내는 메일 서버는 이메일을 보낼 때 사용되는 서버이다(38쪽 참조).

아웃룩 익스프레스를 사용하려면 받는 메일 서버는 반드시 있어야 하고, 보내는 메일 서버는 없어도 되지만 있

POP3와 IMAP의 차이점

받는 메일 서버 중 POP3와 IMAP는 비동기 방식이냐, 동기 방식이냐의 차이가 있다. 즉 POP3는 아웃룩 익스프레스에서 메일을 지워도 서버에서는 삭제되지 않는 비동기 방식이고, IMAP는 아웃룩 익스프레스에서 메일을 삭제하면 서버에서도 삭제되는 동기 방식이다.

IMAP의 경우 서버와 동기화가 되기 때문에 메일 삭제뿐만 아니라 메일을 읽으면 읽음 표시가 되고 메일을 보내면 보낸 편지함에 기록되는 등 거의 모든 기능들이 실시간으로 서버와 동시에 수행된다. 하지만 아직 IMAP를 지원하는 곳은 많지 않다.

으면 매우 편리하다.

인터넷 사이트나 게시판에 링크되어 있는 이메일 주소를 클릭하면 종종 오류가 생기는 현상을 볼 수 있는데, 이런 오류는 이용하는 컴퓨터에서 아웃룩 익스프레스의 환경 설정을 하지 않았기 때문에 발생한다.

정확하게는 아웃룩 익스프레스 환경 설정에서 보내는 메일 서버를 지정하지 않았기 때문에 메일을 보낼 수 없어서 오류가 나는 것이다.

받는 메일 서버와 보내는 메일 서버는 자신이 이용하는 이메일 제공 업체(회사, 포털, 인터넷 서비스 업체 등)나 홈페이지를 통해 알 수 있다. 예를 들어, 네이버를 이용한다면 네이버 고객센터에 문의하거나 네이버 도움말을 통해 알아낼 수 있다.

이메일 계정 및 메일 서버 주소 확인

아웃룩 익스프레스를 사용하려면 계정 설정이 필요한데, 계정 설정 시 필요한 내용을 미리 확인해서 메모해두어야 한다.

아웃룩 익스프레스를 사용하기 위해 알아야 할 것
- 받는 메일 서버(POP3) 주소
- 보내는 메일 서버(SMTP) 주소
- 이메일 주소
- 비밀번호

주요 사이트의 POP3 및 SMTP 주소를 다음과 같이 표로 정리해보았다.

주요 사이트의 POP3 및 SMTP 서버 주소

사이트	POP3, IMAP 주소	SMTP 주소	비고
다음	pop.hanmail.net imap.hanmail.net	smtp.hanmail.net	pop 포트 : 995, 보안 연결(ssl) 필요 smtp 포트 : 465, 보안 연결(ssl) 필요
네이버	pop.naver.com	smtp.naver.com	pop 포트 : 995, 보안 연결(ssl) 필요 smtp 포트 : 465, 보안 연결(ssl) 필요
구글	pop.gmail.com imap.gmail.com	smtp.gmail.com	pop 포트 : 995, 보안 연결(ssl) 필요 smtp 포트 : 465, 보안 연결(ssl) 필요
야후	pop.mail.yahoo.com	smtp.mail.yahoo.com	ID : 야후 이메일 주소
네이트	pop.nate.com	제공 안 함	POP3만 제공
파란	pop3.paran.com	smtpauth.paran.com	ID : 파란 ID@paran.com
하나포스	mail.hanafos.com	mail.hanafos.com	인터넷 신청 회원에게만 제공
메가패스	kornet.net	kornet.net	인터넷 신청 회원만 사용 가능

* 위의 POP3 및 SMTP 주소는 업체 운영 방침에 따라 변경될 수 있음.
* POP3만 제공되는 경우 사용하는 인터넷 회사의 SMTP 서버를 이용해도 됨.
  (인터넷 서비스업체의 SMTP 서버 주소 및 제공 유무는 전화나 사이트를 통해 확인 가능)

그 밖의 이메일 계정은 서비스 업체나 홈페이지에 문의하여 POP3, SMTP 주소를 알아두도록 한다.

또 회사 이메일 계정도 대부분 보내는 메일 서버와 받는 메일 서버를 제공한다. 주요 포털 사이트의 경우는 2009년까지만 해도 제한적으로 지원했으나 2009년 중반 이후부터 무료로 제공하기 시작해 대부분의 포털 사이트가 POP3, SMTP를 지원한다.

Seven Days Master Series

7

step 2

아웃룩 익스프레스 시작하기

아웃룩 익스프레스,
윈도가 무조건 쏜다

앞에서도 언급했듯이, 아웃룩 익스프레스는 별도의 설치 프로그램은 없고 인터넷 익스플로러(Internet Explorer)와 자동으로 함께 설치되는 프로그램이다. 그러므로 현재 윈도 운영 체제를 사용하는 컴퓨터라면 대부분 아웃룩 익스프레스가 설치되어 있을 것이다.

메뉴 및 빠른 실행도구에서 실행

아웃룩 익스프레스를 실행하는 방법에는 여러 가지가 있지만 다음의 두 가지 방법 중 편리한 쪽을 택하여 이용하면 된다.

■ 방법 1 : 메뉴를 이용

윈도 메뉴에서 [시작]-[모든 프로그램]-[Outlook Express]를 차례로 선택하여 실행한다.

■ 방법 2 : 작업 표시 줄에 있는 빠른 실행도구를 이용

아웃룩 익스프레스 아이콘

위 그림처럼 작업 표시 줄에 있는 빠른 실행도구에서 아웃룩 익스프레스 아이콘을 클릭하여 실행한다.

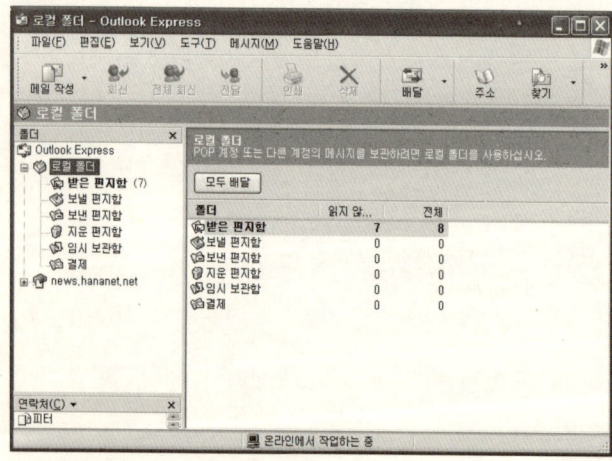

아웃룩 익스프레스 실행 화면

step 2. 아웃룩 익스프레스 시작하기

아웃룩 익스프레스가 실행되면 앞과 같은 화면이 나타난다. 처음 실행될 때 '아웃룩 익스프레스를 기본 메일 클라이언트로 지정할 것인지' 묻는데 [예]를 누르고, 인터넷 연결 마법사가 실행되면 [취소]를 누르면 된다.

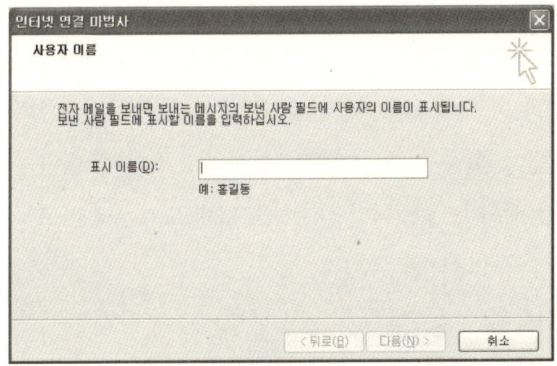

사용자의 PC에 설치된 아웃룩 익스프레스의 버전이나 환경 설정에 따라 화면이 약간씩 다를 수 있으나 크게 신경 쓸 필요는 없다.

아웃룩 익스프레스의 버전이 4.0 이하라면 6.0 이상으로 업그레이드하는 것이 좋다.

계정과 환경 설정하기

설정 마법사 따라 하기

아웃룩 익스프레스가 실행되었으면 이제 계정을 설정해야 한다. 읽을 이메일 계정을 등록하고, 메일은 어떤 서버를 통해서 보낼 것인지 설정하고 나면 그때부터 바로 이메일을 읽거나 보낼 수 있다.

아웃룩 익스프레스가 전자 메일 송·수신과 관리 기능을 하는 프로그램이라는 점에서 계정 설정은 아웃룩 익스프레스에서 가장 중요한 부분이라고 할 수 있다. 계정을 설정한 다음에는 편리하게 메일을 보내거나 받기만 하면 되는 것이다.

아웃룩 익스프레스의 계정 설정은 마법사의 안내에 따라 해주면 된다.

1) 아웃룩 익스프레스의 상단 메뉴에서

[도구]-[계정] 항목을 차례로 선택한다.

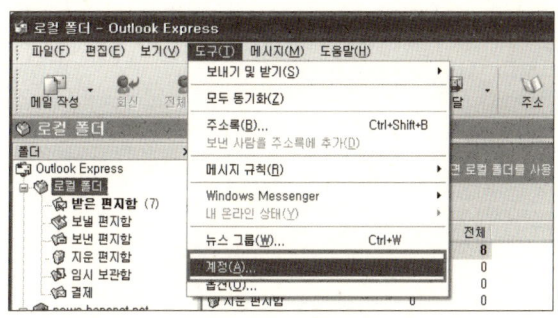

아웃룩 익스프레스 계정 설정

2) 열리는 대화 상자에서

[추가]-[메일] 항목을 차례로 선택한다.

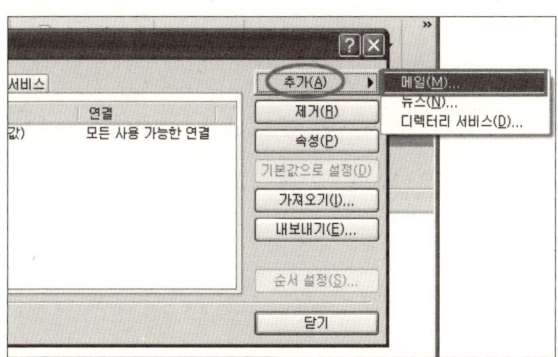

메일 계정 추가

3) 표시 이름 입력

표시 이름란에는 메일을 보냈을 때 상대방에게 보여지는 이름을 적으면 된다. 자신의 이름이나 닉네임을 적고 [다음]을 누른다.

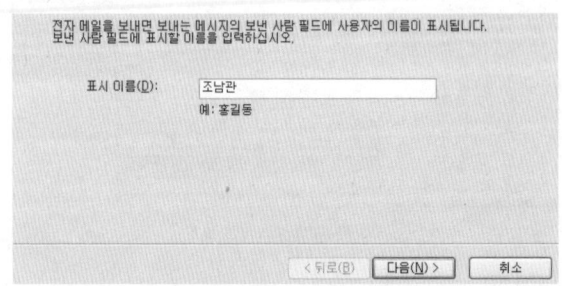

보내는 사람 이름 입력

4) 전자 메일 주소 입력

계정 설정할 이메일 주소를 적고 [다음]을 누른다.

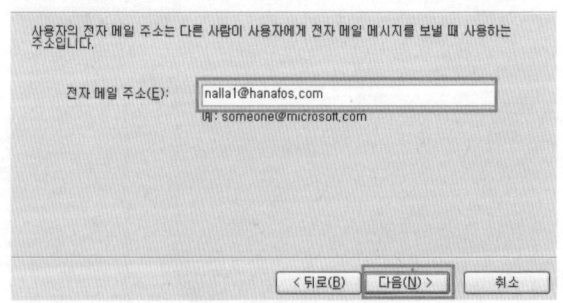

보내는 사람의 회신 이메일 주소 입력

예를 들어, 네이버 계정 설정을 한다면 네이버 이메일 주소를, 다음 계정 설정을 한다면 한메일 주소를 적는다.

5) 받는 메일 서버/보내는 메일 서버 입력

- 받는 메일(POP3, IMAP 또는 HTTP) 서버 : 1장에서 준비하라고 했던 받는 메일 서버 주소를 적는다.
  (예 : mail.kornet.net)
- 보내는 메일(SMTP) 서버 : 보내는 메일 서버 주소를 적고 [다음]을 누른다.

보내는 메일 서버는 메일을 보낼 때 사용하기 위한 것으로, 일반적으로 인터넷 서비스 업체에서 제공해준다. 회사 자체 계정이 있다면 회사 SMTP 서버를 사용해도 된다.

※ 보내는 메일 서버가 없으면 서버 주소 형식에 맞춰 아무렇게나 적어도 된다. 다만 아웃룩 익스프레스를 통해 메일을 보낼 수는 없다.

받는 메일 서버란?

개인 사용자는 컴퓨터를 24시간 켜놓지 않기 때문에 누군가가 보내는 메일을 곧바로 받을 수 없다.

그래서 메일이 오면 가입한 인터넷 회사의 컴퓨터에 메일이 보관되는데 그 메일을 보관하고 있는 컴퓨터를 '받는 메일 서버'라고 한다. 핸드폰의 음성 사서함, 문자 사서함 또는 우체국과 비슷한 역할을 한다.

보내는 메일 서버란?

송파에 사는 사람이 지인에게 편지를 보내는 경우 우체통에 넣은 편지는 일차적으로 송파 우체국에 보내지고, 거기서 다시 각 지방과 나라별로 분류해 해당 지역이나 나라의 우체국으로 발송된다.

이렇듯 이메일을 발송하면 받는 메일 서버에 도착하기 전까지 일차적으로 보관되는 곳이 '보내는 메일 서버'이다. 이 서버는 보내는 메일을 분류, 전송하고 보관을 한다.

6) 계정 이름과 암호 입력

- **계정 이름** : 이메일 계정 아이디를 적는다. 계정 이름은 이메일 확인 시 사용하는 아이디로, 보통은 자동으로 입력된다.
- **암호** : 이메일 계정 비밀번호를 입력한다. 하나의 컴퓨터를 여러 사람이 사용하는 경우가 아니라면 암호 저장에 체크를 해둔다. 그러면 메일 확인 시 로그인을 할 필요가 없다.

계정 이름과 암호를 다 적었으면 [다음]을 클릭한다.

7) 설정 정보 저장

[마침] 버튼을 누르면 지금까지 입력한 설정 정보가 저장된다.

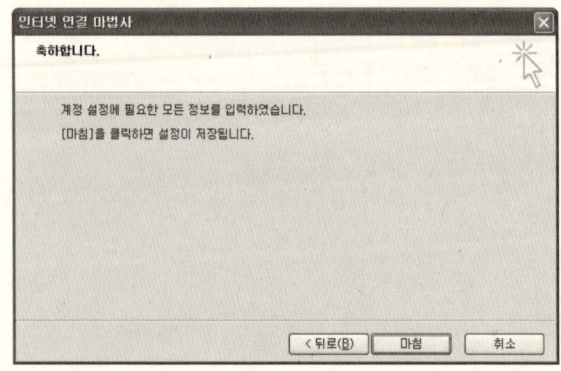

8) 계정 설정 완료

계정 설정이 완료되면 설정된 계정 목록이 표시된다.

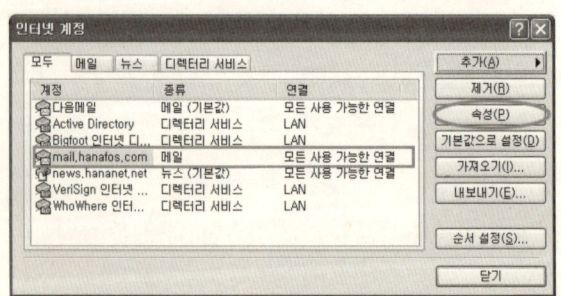

옵션 및 추가 환경 설정하기

이제 사이트의 POP/SMTP 운영 방식에 따라서 추가적인 설정이나 옵션 선택을 해주어야 한다.

1) 메일 계정 이름 변경

속성 창에서 [일반] 탭을 누르고 메일 계정의 이름을 알아보기 쉬운 이름으로 변경한다.

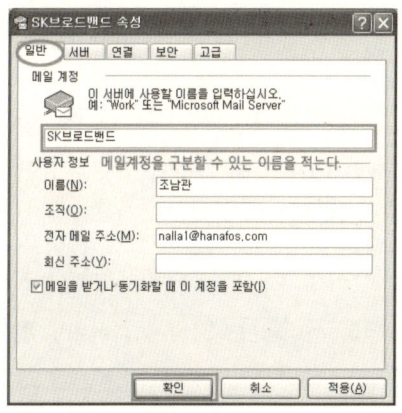

2) SMTP에 대한 추가 설정

KT쿡, SK브로드밴드, 다음, 네이버, 구글 등 대부분의 SMTP 제공 업체는 인증(아이디, 비밀번호) 방식을 제공하는데, 이런 경우 인증에 대한 설정을 해주어야 한다.

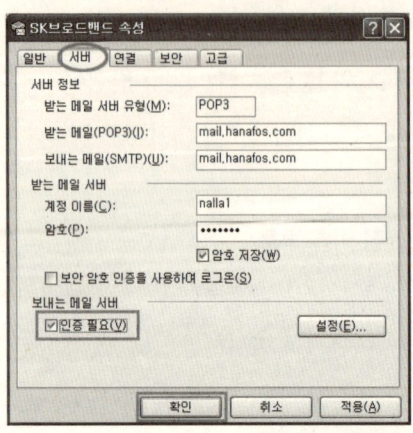

[서버] 탭을 선택한 후 '인증 필요'에 체크하고 [확인]을 누른다. 자세한 내용 및 추가적인 내용은 4장에서 설명하고 있으니 꼭 참조하기 바란다.

아웃룩 익스프레스의 계정 설정은 이용하려는 이메일에 대한 받는 메일 서버와 보내는 메일 서버만 알면 쉽게 설정할 수 있다.

이런 방법으로 아웃룩 익스프레스에서 사용할 이메일을 반복해서 모두 등록해주면 여러 사이트를 각각 로그인하여 확인해야 할 이메일을 한 번에 읽어들일 수 있다. 메일 계정을 모두 등록했다면 이제부터 매우 편리하게 메일을 확인하고 보낼 수 있을 것이다.

아웃룩 익스프레스 환경 설정 요약

1. 아웃룩 익스프레스를 실행한 후 [도구]-[계정] 메뉴를 차례로 선택한다.
2. 열리는 대화 상자에서 [추가]-[메일]을 선택한다.
3. 표시 이름 : 자기 이름 또는 메일 보낼 때 사용할 이름을 적고 [다음]을 누른다.
4. 전자 메일 주소 : 자기의 이메일 주소를 적고 [다음]을 누른다. (예 : nalla1@hanafos.com)
5. 받는 메일 서버(POP3) : 받는 메일 서버 주소를 적는다. (예 : mail.hanafos.com, pop.naver.com, smtp.hanmail.net 등)
6. 보내는 메일 서버(SMTP) : 보내는 메일 서버 주소를 적고 [다음]을 누른다. 보내는 메일 서버가 없으면 형식에 맞춰 아무렇게나 적는다. (예 : mail.hanafos.com, pop.hanmail.net)
7. 계정 이름 : 자기의 이메일 계정 아이디를 적는다.
   (메일 확인 시 사용하는 아이디로, 보통은 자동으로 입력된다.)
   암호 : 이메일 계정 비밀번호를 입력한다. (암호 저장에 체크가 되어 있는지 확인 후 안 되어 있으면 체크한다.)
8. [다음]을 누르고 [속성]에서 옵션을 선택해주면 끝.

※ 네이버나 다음 등 포털 메일을 아웃룩 익스프레스에서 읽어들이기 위해서는 환경 설정 전에 포털에서 외부 메일 사용 설정을 해주어야 한다. 6장 내용 중의 '네이버 메일 아웃룩 익스프레스에서 읽기'를 꼭 참조하기 바란다.

Seven Days Master Series

step 3

아웃룩 익스프레스로 메일 주고받기

이메일 작성하고 보내기

아웃룩 익스프레스의 계정 설정이 끝났다면 이제부터 메일을 직접 보내거나 확인해보자. 아웃룩 익스프레스는 등록한 계정에 해당하는 메일 서버에 순차적으로 접속하여 모든 메일을 자동으로 읽어들이게 된다. 그러므로 이메일을 한 번도 사용해본 경험이 없는 사람이 아니라면 누구나 쉽게 메일을 읽거나 보낼 수 있다.

아웃룩 익스프레스 화면 구성

아웃룩 익스프레스의 화면은 최상단에 메뉴 표시 줄이 있고 그 아래에는 자주 사용하는 도구를 모아놓은 도구 모음 줄이 있다.

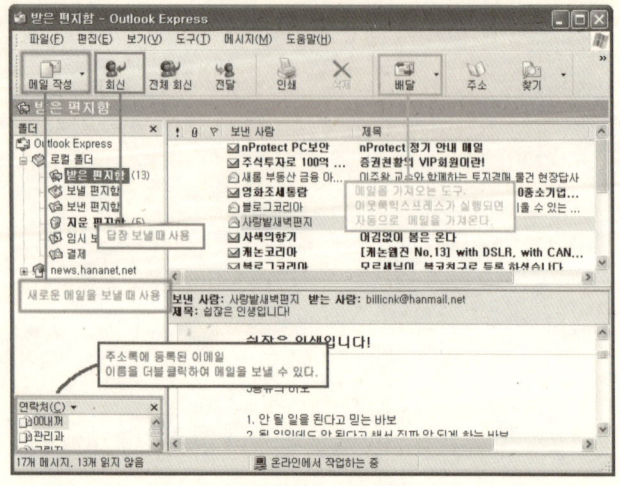

아웃룩 익스프레스 화면 구성

위 그림은 왼쪽에 있는 폴더 목록에서 '받은 편지함'을 눌렀을 때의 화면이다.

- 메일 작성 : 메일을 보낼 때 사용
- 회신 : 받은 메일에 대한 답장을 보낼 때 사용
- 배달 : 등록한 메일 계정에 접속하여 메일을 읽어 오는 기능

step 3. 아웃룩 익스프레스로 메일 주고받기

이메일 작성

일반적인 이메일을 보내기 위해서 아웃룩 익스프레스의 도구 모음 줄에서 [메일 작성]을 클릭한다.

그림 편지지로 메일을 보내고 싶다면 [메일 작성] 옆에 있는 작은 삼각형을 클릭하여 편지지를 선택하면 된다.

메일을 보낼 수 있는 창이 열리면 받는 사람의 이메일 주소, 제목, 메일 내용을 작성한 다음 메일을 보내면 된다.

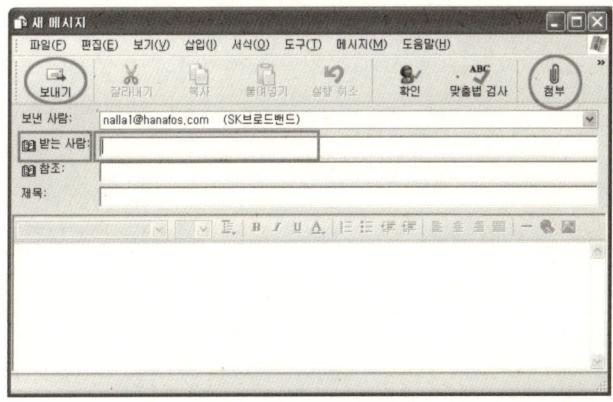

이메일 보내기 - 새 메시지(메일) 창

■ 보낸 사람

등록한 계정 중 디폴트(초기 설정)로 되어 있는 계정이 자동으로 표시된다. 자신의 메일, 회사 메일 등 여러 계정을 등록했을 때는 선택이 가능하다. 예컨대 업무상 메일을 보낼 때는 회사 계정을 선택하고, 친구나 지인에게 메일을 보낼 때는 자신의 개인 계정을 선택하여 사용하면 된다.

이때 선택한 계정에는 반드시 보내는 메일 서버(SMTP) 설정이 되어 있어야 메일이 발송된다.

■ 받는 사람

받을 사람의 이메일 주소를 적는 곳으로, 직접 적어도 되고, 주소록에서 찾아 등록해도 된다.

주소록을 이용해 이메일 주소를 적으려면 받는 사람 입력란의 왼쪽에 있는 '받는 사람' 타이틀을 눌러서 주소 창을 띄우고 이메일을 보낼 주소를 등록하면 된다.

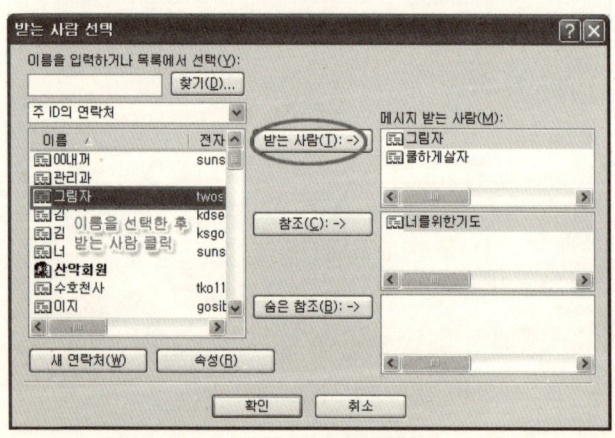

주소록을 이용한 받는 사람 선택 화면

이때 같은 메일을 여러 사람에게 동시에 보내고 싶다면 필요한 이메일 주소를 모두 등록한다.

■ 첨부

이메일을 보낼 때 파일을 첨부해야 하는 경우에 사용하는 기능이다. 새 메시지 창(메일 작성 창)의 상단에 있는 도구 모음 줄에서 [첨부]를 클릭하여 첨부할 파일을 선택하면 되는데, 파일은 여러 개를 추가할 수 있다.

■ 보내기

이메일을 모두 작성한 다음 메일을 전송할 때 [보내기]를 누르면 이메일이 발송된다. 발송이 완료된 메일은 '보낸 편지함'에서 확인할 수 있고, 발송이 완료되지 않은 메일은 '보낼 편지함'에서 확인할 수 있다.

주소록 제대로 활용하기

주소록의 기능

주소록을 이용하면 동시에 여러 사람한테 메일을 보낼 수 있고, 또 그룹을 만들어 그룹별로 메일 주소를 관리하거나 메일을 보낼 수도 있다.

주소록에 주소 추가하는 방법

주소록에 받은 이메일 주소를 추가하려면 해당 이메일을 열어놓은 상태에서 다음과 같은 절차로 진행하면 된다.

■ 방법 1

이메일을 열고(또는 선택) [도구]-[보낸 사람을 주소록에 추가]를 클릭한다.

그러면 아웃룩 익스프레스 화면 왼쪽 아래 '연락처' 창이나 '주소록'에서 추가된 이메일 주소를 확인할 수 있다.

■ 방법 2

또 다른 방법으로, 받은 메일을 선택한 후 마우스 오른쪽 버튼을 누르고 [보낸 사람을 주소록에 추가]를 클릭하면 더욱 간단하게 추가할 수 있다.

여러 계정의 메일도 한꺼번에 읽는다

아웃룩 익스프레스를 실행하면 등록된 여러 메일 계정에 도착한 메일이 있는지 각각 확인하여 새로운 메일이 있는 경우 자동으로 가져와서 '받은 편지함'에 저장한다.

또한 아웃룩 익스프레스가 실행되어 있다면 지정한 시간마다 주기적으로 메일을 읽어오는데 디폴트는 30분으로 설정되어 있다. 메일 확인 주기는 뒤에서 다시 설명하기로 한다.

수동으로 새 메일을 확인하는 '배달' 기능

새로운 메일을 바로 확인하고 싶을 때는 도구 모음 줄에서 [배달]을 클릭해주면 된다.

[배달] 버튼을 클릭하면 등록된 모든 메일 계정에 자동으로 접속해서 도착한 메일을 읽어들인다.

또 [배달] 버튼 옆에 있는 삼각형 아이콘을 누르고 몇몇 계정을 선택하면 해당 계정의 메일만 읽어들여 확인할 수도 있다.

배달된 이메일은 아웃룩 익스프레스의 창 가운데에 목록이 표시되는데 메일 제목을 클릭하면 내용을 읽을 수 있다.

※ 전체 창으로 보기 : 메일 제목을 더블 클릭하면 전체 화면으로 이메일을 볼 수 있다.

회신하기

메일 목록에서 편지의 제목을 누른 후 [회신] 버튼을 누르거나, 메일 내용을 확인한 다음 [회신] 버튼을 눌러 답장을 할 수 있다.

Seven Days Master Series

step 4

아웃룩 익스프레스의 활용 ①

여러 대의 컴퓨터에서
메일 읽기

  3장까지의 내용만으로도 아웃룩 익스프레스를 충분히 이용할 수 있지만 몇 가지 고급 기능을 알아두면 더욱 편리하게 활용할 수 있다.

여러 컴퓨터로 메일 확인 옵션 설정

  아웃룩 익스프레스로 한 번 읽은 메일은 다른 PC에서 더 이상 읽지 못한다. 예컨대 회사에 읽은 메일을 집에서 다시 읽기가 어렵다는 말이다.

  아웃룩 익스프레스는 한 번 메일을 읽어오면 읽어들인 PC에 메일을 저장하고, 메일 서버에서는 읽혀진 메일을 지우기 때문에 한 번 읽은 메일을 다른 컴퓨터에서 읽을 수 없게 된다. 따라서 여러 대의 컴퓨터에서 메일을 읽어야 하는 경우에는 옵션 설정을 해주어야 한다.

■ 방법

① 아웃룩 익스프레스를 실행한 후 메뉴에서 [도구]-[계정]을 선택한다.
② 창이 열리면 [메일] 탭을 선택하고 아래에 표시되는 목록에서 작업할 계정을 클릭한다.

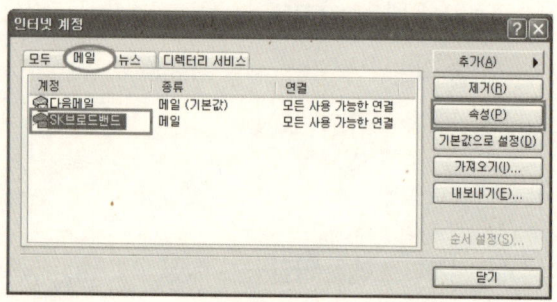

이메일 계정의 속성 변경

③ 우측에 있는 [속성]을 누른다.
④ 새로 열린 속성 창에서 [고급] 탭을 누른다.
⑤ 속성 창의 아랫부분 '배달' 옵션 영역에서 '서버에 편지 복사본 저장'에 체크한다.

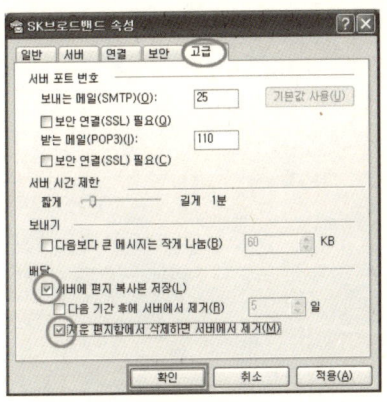
배달 옵션 설정

■ 서버에 저장된 메일 삭제 시기 지정

앞과 같이 설정하면 서버에 복사본이 저장되지만, 받은 메일들은 서버에 계속 쌓이게 될 것이고, 서버 용량이 부족해지면 메일을 받지 못하는 경우가 발생한다.

그러므로 서버에서 메일을 지우는 시점을 지정해주어야 하는데 방법은 '배달' 영역의 제일 하단에 있는 2개의 체크 상자를 각각에 맞게 체크해주는 것이다.

필자의 경우는 '지운 편지함에서 삭제하면 서버에서 제거'만 선택해놓고 사용한다.

여기까지 완료했으면 [확인] 버튼을 눌러서 설정 작업을 끝낸다.

받은 메일 보관 위치
내 맘대로 바꾸기

메일 백업을 위한 내 PC 관리

아웃룩 익스프레스에서 포워딩한 메일들은 하드 디스크 (C:)의 지정된 위치(폴더)에 '받은 편지함.dbx, 보낸 편지함.dbx, 지운 편지함.dbx'라는 이름으로 보관되어 있다.

하지만 하드 디스크를 포맷한다든지 하드 디스크를 교체하거나 변경해야 하는 경우에는 하드 디스크 속에 보관되어 있는 메일을 디스켓이나 USB 등의 다른 저장 장치에 보관해야 한다. 그러지 않으면 이전에 읽었던 메일(보관 메일)들은 모두 지워져서 더 이상 읽을 수 없게 된다.

또한 위의 경우가 아니더라도 하드 디스크에 오류가 발생할 수도 있으므로, 중요한 메일은 평소에 주기적으로 백업을 해놓아야 한다.

※백업해야 할 파일은 받은 편지함.dbx와 별도로 만들어 관리하는 폴더 이름과 동일한 이름의 *.dbx 파일을 만들어둔다.

받은 메일이 보관되는 기본 폴더

보관을 안 하고 포맷을 하거나 갑자기 C: 드라이브를 사용하지 못하게 되는 경우에는 메일이 다 지워져 버려서 큰 피해를 입을 수 있다.

이러한 사고에 대비해 메일 데이터 파일을 수시로 백업해야 하는데, 그 중요성을 알면서도 쉽게 시행하지 못하는 것이 다반사다. 그래서 백업의 대안으로 메일이 저장되는 위치(폴더)를 임의로 변경하는 방법이 있다.

아웃룩 익스프레스는 메일이 저장될 폴더를 특별히 설정하지 않으면 윈도 프로그램이 설치된 드라이브에 저장된다. 그런데 컴퓨터를 사용하면서 가장 빈번하게 발생하는 문제의 원인이 윈도 오류로 인한 윈도 재설치이다. 윈도를 재설치하면 아웃룩 익스프레스도 재설치되고 저장되었던 메일이 모두 지워져버리고 만다.

이런 상황으로부터 메일 데이터를 보호하려면 윈도가 설치되지 않은 다른 드라이브에 메일을 저장해야 한다. 즉 윈도를 C: 드라이브에 설치했다면 메일은 D: 드라이브나 E: 드라이브에 저장한다.

참고로 필자는 D: 드라이브(이곳에는 자료들만 보관한다)의 'Outlook Express'라는 폴더에 메일이 자동으로 저장되도록 설정해놓았다. 이제부터 독자분들도 메일 저장하는 폴더 위치를 변경하여 미연의 사고에 대비하길 바란다.

메일 저장 폴더 변경하는 방법

① 아웃룩 익스프레스 메일을 저장할 폴더를 미리 만든다(자기가 원하는 곳에).
② [도구]-[옵션] 메뉴에서 [유지 관리] 탭을 선택한다.

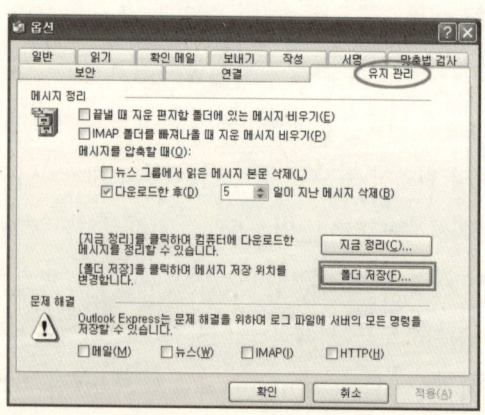

③ [폴더 저장]을 클릭하면 현재 저장되는 폴더의 이름이 나온다.

④ [변경]을 클릭하여 ①에서 미리 만들어둔 폴더를 선택한 후 [확인]을 누른다.

이와 같이 설정하면 기존의 메일들과 새로 읽어오는 모든 메일이 새로 지정한 폴더에 자동으로 저장된다. 그래도 유사시에 대비해 몇 개월에 한 번씩은 CD 등에 백업을 해두도록 한다.

메일 필터링을 이용한 스팸 처리와 메일 자동 분류

메일 필터링 기능이란

아웃룩 익스프레스에는 메일을 분류하여 관리할 수 있는 필터링 기능이 있다. 메일 발신자별로 관리할 수도 있고, 메일의 내용별로 관리할 수도 있으며, 스팸 메일은 바로 삭제할 수 있는 매우 유용하면서도 메일 관리를 편하게 해주는 기능이다.

이러한 처리는 아웃룩 익스프레스 '메시지 규칙'을 이용하는데, 규칙의 조건에 해당하는 제목이나 이메일 주소가 포함되어 있는 메일을 분류(필터링)하여 특정 폴더로 복사하거나 이동시킬 수 있다.

또 광고를 별도로 분류하거나 바로 삭제 또는 서버에서 다운로드하지 않거나 삭제할 수도 있다.

메시지 규칙 만들기

예를 들어 메일 제목에 '원고'라는 글자가 포함되어 있는 모든 메일을 '원고 모음'이라는 폴더로 저장되게 할 수 있다.

여러 개의 메일 계정을 등록하여 아웃룩 익스프레스에서 메일을 확인한다면 모든 메일이 '받은 편지함'으로 저장되어 관리가 힘들어지는데 이때 '메시지 규칙'을 이용하면 매우 편리하고 효율적이다.

■ 예제

KB카드 이용 명세서를 '결제' 폴더로 이동되도록 설정해보자.

■ 방법
① 메시지 규칙을 지정하기 전에 이동할 폴더를 미리 만들어둔다(여기서는 '결제').
② 메뉴에서 [도구]-[메시지 규칙]-[메일]을 차례로 선택한다.
③ 나오는 대화 상자에서 오른쪽에 있는 [새로 만들기] 버튼을 클릭한다.

④ 메일 규칙 선택 창에서 규칙의 조건으로 '제목란에 특정 단어 포함', 규칙의 동작으로 '지정된 폴더로 이동'을 선택한다. 규칙 설명란에서 원으로 표시된 '특정 단어 포함'을 클릭한다.

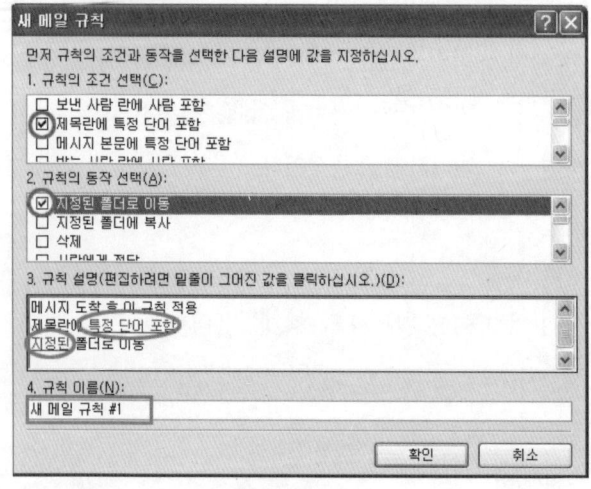

메일 규칙 새로 만들기

⑤ 대화 상자가 나오면 필터링하려는 단어를 모두 추가하고 [확인]을 누른다. 여기서는 'KB카드'를 입력하고 [추가]를 누른다. 같은 폴더로 이동할 메일이 더 있는 경우 계속해서 단어를 입력하여 추가하면 된다.

필터링할 단어 입력

⑥ 앞의 '메일 규칙 새로 만들기' 화면에서 '지정된'을 클릭해 이동할 폴더(결제)를 지정한다. 폴더 선택 창에 적당한 폴더가 없다면 [새 폴더]를 클릭해 폴더를 만든다.

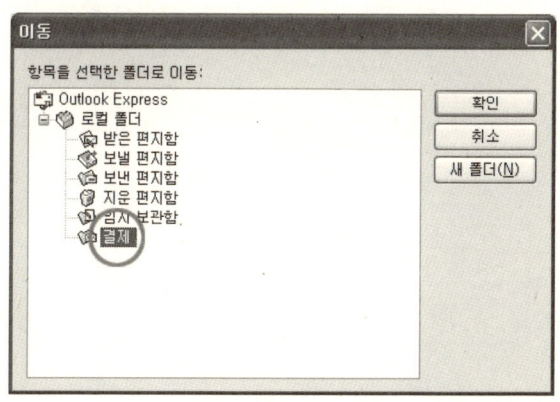

메일을 이동할 폴더 선택

이제 아래와 같이 '규칙 이름' 란에 구분할 수 있는 적당한 이름을 적어주면 하나의 메시지 규칙이 완성된다. 이상이 없으면 [확인]을 누른다.

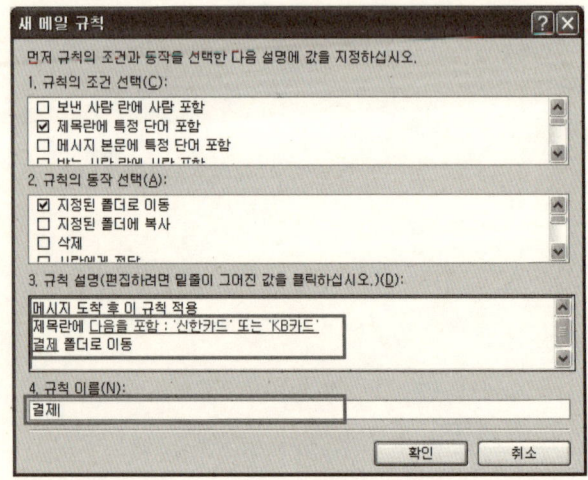

메시지 규칙 완성

위와 같은 방법으로 스팸 관리나 메일을 종류별로 구분하기 위한 메시지 규칙을 필요한 만큼 만들어주면 메일이 배달되면서 자동으로 분류된다.

메시지 규칙 만들기 연습

■ 연습 1

제목에 '광고'라는 단어가 들어 있는 메일을 삭제하는 메시지 규칙을 만든다.

■ 연습 2

보낸 사람의 이메일 주소가 'friend@naver.com'인 메일을 '친구' 폴더로 이동하기 위한 메시지 규칙을 만든다.

■ 연습 3

제목에 '대출, ad, 비아그라, 홍보'라는 단어가 포함된 메일을 '지운 편지함'으로 이동하기 위한 메시지 규칙을 만든다.

Seven Days Master Series

7

step 5

아웃룩 익스프레스의 활용 ②

그룹으로 메일 전송하기

 여러 사람에게 같은 내용으로 동시에 보내는 메일을 '동보 메일'이라 하고, 그 기능을 '그룹 전송'이라고 한다.
 일반적으로 여러 사람에게 메일을 보낼 때는 '받는 사람' 입력란에 여러 명의 이메일 주소를 세미콜론(;)으로 구분하면서 적어주거나, 주소록에서 받는 사람들을 선택하여 추가하면 되는데, 전체 회원이나 전체 학생 등 많은 사람들에게 그것도 자주 메일을 보내야 한다면 이 방법에는 상당히 불편함을 느낄 것이다.
 이렇게 수십 명에게 같은 메일을 동시에 보낼 때는 그룹 전송을 이용하면 매우 편리하다. 여러 사람의 이메일 주소를 일일이 적는다든지, 주소록에서 한 명 한 명 선택할 필요 없이 간단하게 그룹 이름만 적어주면 아웃룩 익스프레스가 알아서 보내주기 때문이다.

그룹 주소록 만들기

그룹 메일을 전송하려면 먼저 그룹 주소록을 만들어야 한다. 관련 있는 이메일을 그룹으로 묶기 위해 그룹명을 만들고 그 그룹에 메일 주소를 등록한다.

그룹은 여러 개 만들 수 있고, 받는 사람을 입력하는 곳에 그룹명을 입력하여 사용할 수 있다. 이메일 주소는 여러 그룹에 중복 사용이 가능하다.

■ 방법
① 아웃룩 메뉴에서 [도구]-[주소록]을 선택한다.
② [파일]-[새 그룹]을 선택한다. 또 다른 방법으로 아래 도구 모음에서 [새 주소록]-[새 그룹]을 선택하거나, 단축키 'Ctrl+G'를 눌러도 된다.
③ 그림과 같은 화면이 나오면 그룹 구성에 필요한 그룹명을 입력하고, 구성원을 추가하거나 삭제한다.
  - 그룹명을 입력한다. (예 : 산악회원)
  - 하단에 이름과 메일 주소를 입력한 후 [추가] 버튼

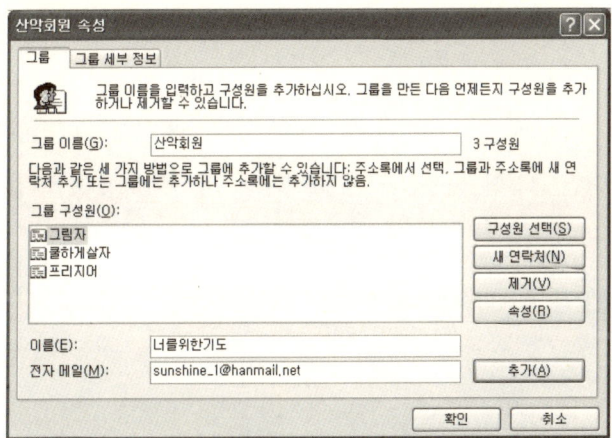

주소록 그룹 만들기

을 누르면 그룹 구성원으로 등록된다. 가운데에 있는 넓고 하얀 공간에서 추가된 구성원을 확인할 수 있다.

- 같은 방법으로 그룹에 속하는 모든 사람을 계속 추가한다.

※ 구성원 선택 : 주소록에 있는 구성원을 추가하려면 오른쪽 버튼 중 [구성원 선택]을 클릭하여 추가할 수 있다.
※ 새 연락처 : 구성원의 자세한 사항을 작성하여 추가(전화번호, 주소 등)할 경우 선택한다.

④ 모두 추가하고 나서 [확인]을 누르면 끝!

이제 메일을 보낼 때 받는 사람 입력란에 그룹명을 입력하면 그룹에 등록된 모든 회원에게 한 번에 메일을 보낼 수 있다.

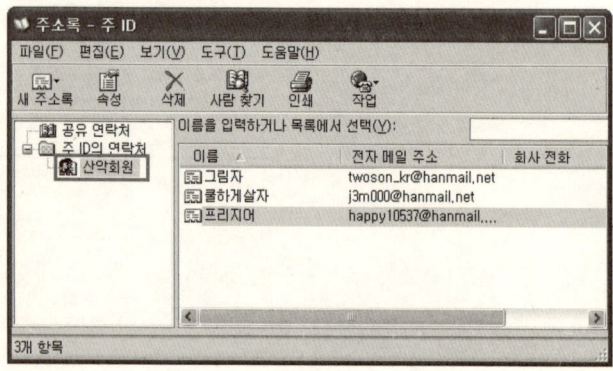

만들어진 주소록 그룹

메일 보내는 다양한 방법

아웃룩 익스프레스에서는 메일 보내는 방법을 여러 가지 상황에 따라 다양하게 제시하고 있다. 메일 보내는 방법을 정리하면 다음과 같다.

1) 도구 모음의 메일 작성을 이용하는 방법

[메일 작성]을 클릭한 뒤 '받는 사람' 입력란 옆의 [받는 사람]을 클릭하여 받을 사람의 이름 또는 그룹을 선택하여 메일을 보낸다.

2) 메뉴에서 선택하여 보내는 방법

[파일]-[새 메시지]-[메일 메시지] 를 차례로 선택한다.

3) 화면 아래 연락처 창을 이용하는 방법

아웃룩 익스프레스 화면 왼쪽 아래의 연락처에서 이름을 더블 클릭한다.

4) 주소록을 이용해 보내는 방법

[도구]-[주소록]을 선택하여 주소록을 연 다음 보낼 사람을 선택한 후(여러 명을 선택할 때는 Ctrl키를 누른 상태에서 클릭) 메뉴에서 [도구] -[작업]-[메일 보내기](또는 도구 모음의 [작업]-[메일 보내기])를 선택한다.

유즈넷의 활용

유즈넷이란

'유즈넷(Usenet)'은 흔히 '뉴스 그룹'이라고도 하며, BBS(전자 게시판)를 이용해 토론을 할 수 있는 온라인 공간이라고 할 수 있다. 여기에서는 컴퓨터·게임·음악·영화·여행·철학 등에 관심을 가진 사람들이 토론을 하거나 자료를 공유할 수 있다.

1979년에 미국 듀크 대학에서 처음으로 시작되었는데, 대학생들이 네트워크를 통해 새로운 정보를 얻거나 토론을 하기 위해 만들어졌다.

지금은 인터넷의 발달로 웹을 통해 풍부한 정보와 지식을 쉽게 얻을 수 있기 때문에 이용하는 사람이 그리 많지 않지만 아직도 유즈넷을 이용하여 자료를 구하거나 문의,

정보 검색 등의 용도로 활용하는 사람들이 많이 있다. 필자는 주로 이미지 등 바이너리 파일을 다운로드할 때 사용한다.

유즈넷은 의미를 부여하여 트리 구조 형식으로 분류가 되는데, 대분류→중분류→소분류로 계속 세분화할 수 있다(예 : 한국 문화에 관심 있는 유즈넷 soc.culture.korea).

유즈넷의 몇 가지 상위 그룹을 소개하면 다음과 같다.

상위 그룹명	설명
alt(alternative)	일상적인 이야기들. 수다방이라 할 수 있다.
han	한글 사용자 그룹
biz(business)	비즈니스와 관련된 주제를 다루는 그룹
comp	컴퓨터에 관한 글을 다루는 그룹
misc(miscellaneous)	분류하기 어려운 그룹
news	뉴스 그룹
rec(recreation)	취미, 놀이에 관한 주제
sci(science)	과학 관련 주제
soc(society)	사회, 문화에 관한 주제
talk	철학, 토론에 관한 그룹

유즈넷 이용을 위한 환경 설정

유즈넷의 기사를 읽으려면 환경 설정을 해주어야 한다.

설정 방법은 기본적으로 메일 계정 설정과 비슷하다.

1) 환경 설정 위젯 시작

메뉴에서 [도구]-[계정]을 선택하고 [뉴스] 탭에서 [추가]-[뉴스]를 선택한다.

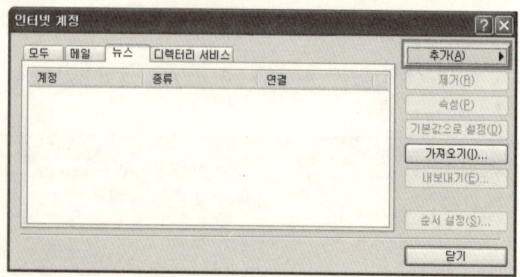

2) 표시 이름 입력

유즈넷 설정 창이 나타나면 표시 이름 입력란에 게시판에서 사용할 필명을 적고 [다음]을 클릭한다.

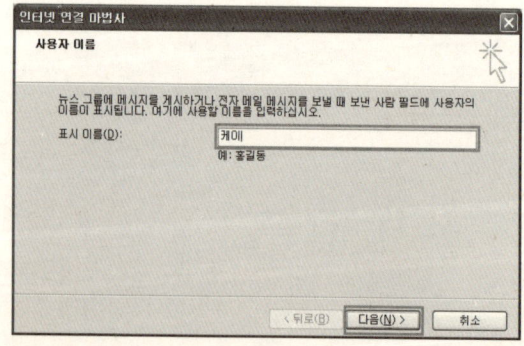

3) 전자 메일 주소 입력

본인의 이메일 주소 하나를 입력하고 [다음]을 클릭한다.

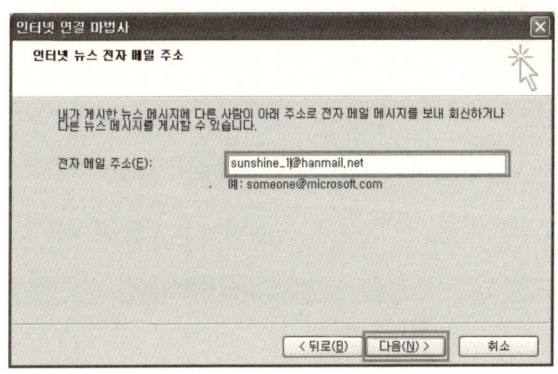

4) 뉴스 서버 이름 입력

유즈넷 설정을 위해서 반드시 필요한 것이 뉴스 서버이다. 이곳에 게시판에 올려진 자료들이 다 들어 있기 때문이다. 뉴스 서버는 인터넷 서비스 회사에서 제공하는데 국내의 큰 인터넷 서비스 회사인 KT와 SK브로드밴드(구 하나로 통신)의 뉴스 서버는 다음과 같다.

뉴스 서버	텍스트	바이너리
SK브로드밴드 하나넷	news.hananet.net	binnews.hananet.net
한국통신 코넷	news.kornet.net	binnews.kornet.net

* 뉴스 서버 이름은 일반적으로 'news.서비스 회사명.net' 같은 형태이다.
* 바이너리(이미지, 동영상, 파일 등) 파일 게재가 가능한 뉴스 서버는 주로 bin으로 시작된다.
* 요즘은 하나넷이나 코넷이나 IP를 체크하여 서비스가 제한되기도 한다.

뉴스 서버 이름은 현재 이용하는 인터넷 서비스 회사의 뉴스 계정을 입력하면 되는데, 모르는 경우 서비스 회사의 고객센터로 문의하면 알 수 있다.

이제 환경 설정을 계속 진행해보자!

뉴스 서버 이름을 입력하고, 로그인이 필요한지 불필요한지 체크하고 [다음]을 누른다. (필자는 필자가 사용하는 인터넷 회사의 뉴스 서버 news.hananet.net을 입력했다.)

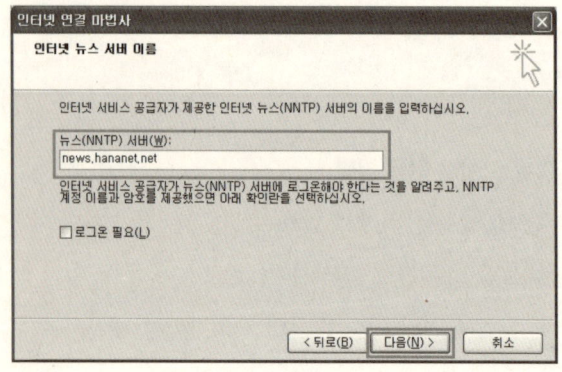

'인터넷 뉴스 서버 이름' 화면에서 '로그온 필요'는 뉴스 그룹을 이용할 때 아이디와 암호를 입력해야 하는 경우, 즉 계정이 있어야 사용할 수 있는 뉴스 서버 입력 시에 체크해야 한다.

5) 설정 완료

[마침]을 누르면 뉴스 서버 설정이 완료되고 뉴스 서버 목록이 표시된다. 더 등록할 뉴스 서버가 있다면 [추가], 모두 등록을 했으면 [닫기]를 누른다.

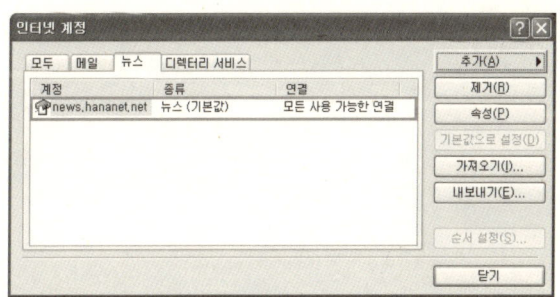

6) 뉴스 그룹 다운로드 받기

[닫기]를 누르면 뉴스 그룹을 다운로드할 것인지 묻는데 [예(Y)]를 클릭한다.

그러면 시간이 좀 걸린다는 메시지와 함께 뉴스 그룹을 찾아 다운로드가 진행된다.

뉴스 그룹 다운로드가 완료되면 다음 화면처럼 뉴스 그룹 목록이 표시된다.

윗부분의 '설명도 함께 검색'에 체크하면 뉴스 그룹에 대한 설명이 있을 경우 설명도 같이 검색하게 된다.

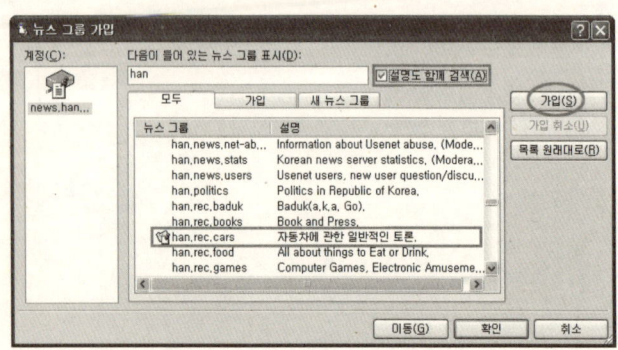

7) 뉴스 그룹 가입하기

카페 게시판을 이용하려면 카페에 가입해야 하는 것처럼 뉴스 그룹도 게시판 내용을 보려면 먼저 가입을 해야 한다.

스크롤바를 움직이면서 관심이 있는 뉴스 그룹을 찾아서 클릭한 다음 [가입] 버튼을 누르면 뉴스 그룹명 앞에 가입되었다는 표시의 아이콘이 생긴다.

같은 방법으로 관심 있는 뉴스 그룹에 모두 가입한 후

하단의 [이동]을 누르면 뉴스 게시판을 읽을 수 있다.

8) 뉴스 그룹 게시판 읽기

뉴스 그룹 설정이 완료되면 아웃룩 익스프레스의 왼편에 가입한 뉴스 그룹 목록이 열거되고, 뉴스 그룹을 클릭하면 게시글을 볼 수 있다.

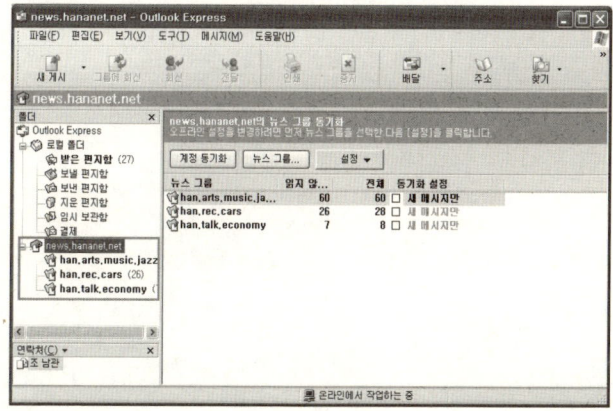

다른 뉴스 그룹에 가입하고 싶으면 [도구] 메뉴에서 [뉴스 그룹]을 선택하거나, 왼편에서 뉴스 그룹 이름(news.hananet.net)을 클릭하면 오른쪽 화면에 나타나는 [뉴스 그룹] 버튼을 클릭해서 7번 단계에서 했던 것과 같이 가입을 하면 된다. 물론 7번 단계에서 가입 취소도 가능하다.

Seven Days Master Series

step 6

SOS 아웃룩 익스프레스

PC에 아웃룩 익스프레스가 설치되지 않았을 때

■ 설치 방법 1

① 윈도 메뉴에서 [시작]-[제어판]을 선택하여 '프로그램 추가/제거'를 실행한다.

② 아래와 같이 창이 열리면 왼쪽 사이드에 있는 기능에서 [Windows 구성 요소 추가/제거]를 누른다.

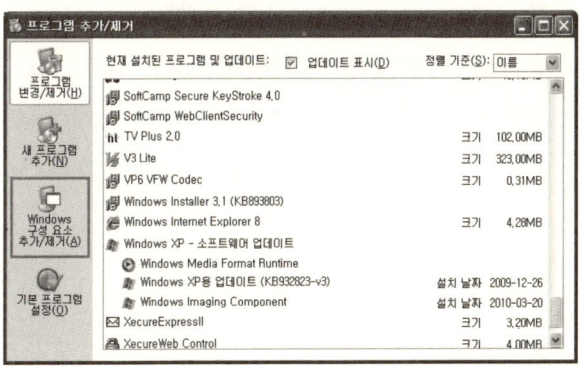

③ 윈도 구성 요소를 추가/제거하는 창이 열리면 그곳에서 Outlook Express를 찾아서 체크한 후 [다음]을 눌러 설치하면 된다.

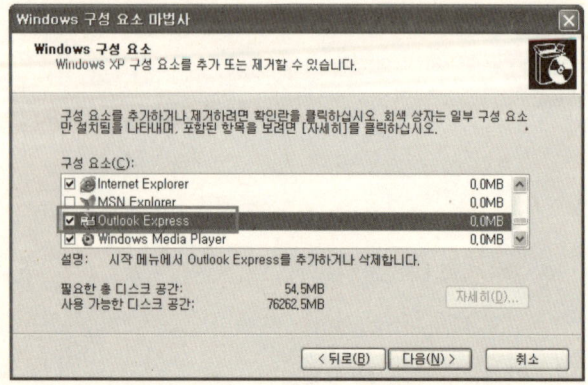

■ 설치 방법 2

첫 번째 방법으로 해결되지 않는 경우 인터넷 익스플로러를 재설치하면 해결된다. 인터넷 익스플로러는 7.0 이상의 버전을 설치하면 되는데 7.0보다는 8.0을 추천하며, 네이버나 다음 등의 포털 사이트에서 검색하면 쉽게 다운로드할 수 있다.

첨부 파일이
다운로드되지 않을 때

메일에 첨부된 파일이 다운로드되지 않을 때는 보안 문제일 확률이 높다.

이런 경우에는 아웃룩 익스프레스 메뉴에서 [도구]-[옵션]을 선택하여 보안 설정을 낮춰주면 된다.

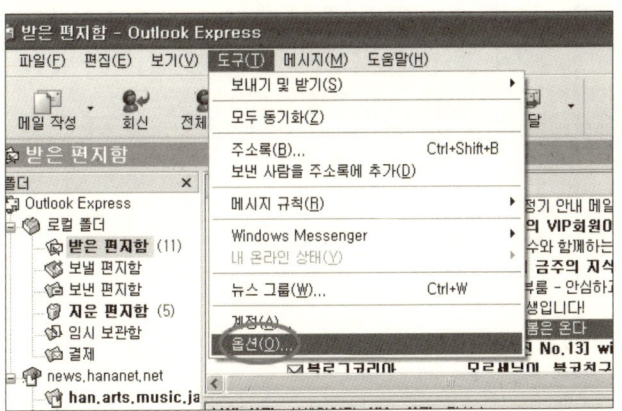

■ 설정 방법

① 아웃룩 익스프레스를 실행하여 메뉴에서 [도구]-[옵션]을 선택한다.

② 옵션 창이 열리면 상단에서 [보안] 탭을 클릭한다.

- 바이러스 방지 영역에서 '인터넷 영역(보안 수준은 낮고, 기능성 높음)'을 선택한다.
- '바이러스 가능성이 있는 첨부 파일을 저장하거나 열 수 없음'의 체크를 해제한다.
- [적용]을 누른 후에 첨부 파일을 다운로드해보면 잘 될 것이다.

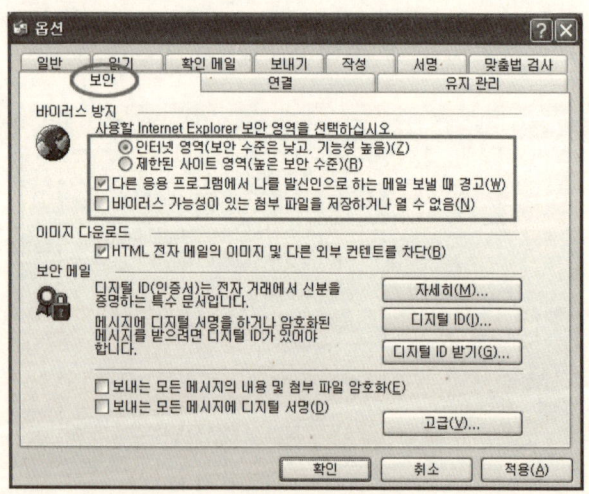

답장 보낸 이메일 주소
자동으로 추가하기

　이메일을 주소록에 추가하는 것은 매우 쉬운 일이다. 하지만 정말 자주 주고받는 이메일이 아닌 이상 대부분의 이용자들은 주소록에 이메일 주소 추가하는 것을 번거롭게 여긴다.

　아웃룩 익스프레스에는 바로 이런 사람들에게 딱 좋은 기능이 있다. 이메일을 읽고 답장을 하면 받는 사람의 이메일 주소가 자동으로 주소록에 추가되는 기능이다.

　이 기능은 옵션에서 한 번만 설정해놓으면 이후부터 답장(회신)을 보낼 때마다 계속 적용된다.

　주소록에 주소 목록이 쌓이면 받는 사람의 이메일 주소를 적을 때 첫 글자만 입력해도 주소록에서 그 글자가 포함된 이메일 주소를 모두 찾아서 보여준다. 그중에서 보내려는 주소를 선택만 하면 되므로 입력하기가 무척 편해진다. 또한 그룹핑 등 주소록 관리도 쉬워진다. 기능 옵션을 설정하는 방법은 매우 간단하다.

■ 실정 방법

① 메뉴에서 [도구]-[옵션]을 선택하고 [보내기] 탭을 클릭한다.
② '내 주소록에 내가 회신한 사람 자동으로 넣기'를 체크한 후 [적용]을 누른다.

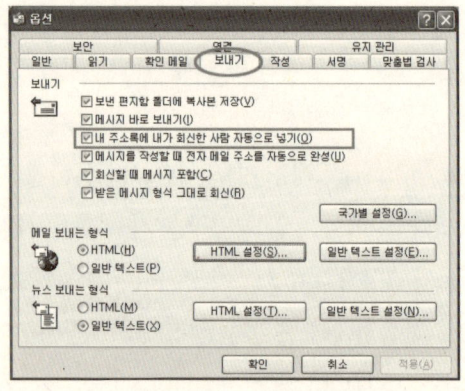

이후 받는 사람의 이메일 주소는 자동으로 주소록에 추가될 것이다. 단, 답장을 보낸 경우에만 해당된다. 메일만 읽고 답장을 하지 않으면 주소가 저장되지 않는다.

윈도 탐색기에서
파일 첨부해서 메일 보내기

　컴퓨터 사용 중에 파일을 첨부하여 메일을 보내야 할 때는, 첨부할 파일을 마우스 오른쪽 버튼으로 눌러 자동 첨부 기능을 이용해 메일을 보낼 수 있다.

　이 방법은 아웃룩 익스프레스 계정 설정이 되어 있다면 윈도 탐색기나 바탕화면 등 어디서든 이용할 수 있다.

■ 방법

① 이메일에 첨부할 파일을 마우스 오른쪽 버튼으로 클릭한다.

② 메뉴에서 [보내기]-[편지 수신자]를 선택하면 아웃룩 익스프레스가 실행되고 파일이 자동으로 첨부된다.

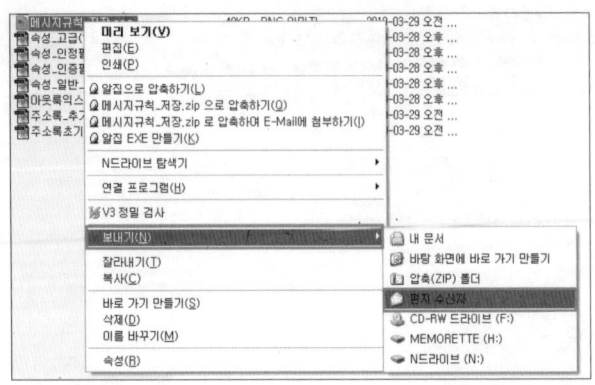

③ 메일 내용을 입력하고 메일을 보내면 파일이 첨부되어 발송된다.

복수의 파일을 첨부해야 하는 경우, 여러 개의 파일을 선택한 후 위와 같은 방법으로 하면 된다.

또한 아웃룩 익스프레스가 열려 있고 메일을 보내는 중에 파일을 첨부해야 하는 경우에는 파일을 아웃룩 익스프레스의 메일 작성 화면에 끌어다 놓으면 된다. 한 개든 여러 개든 선택한 파일은 모두 추가된다.

이 기능은 직장인들이 업무 진행 보고서 등의 파일을 작성한 뒤 곧바로 메일에 첨부하여 보내야 할 경우에 매우 요긴하게 쓰인다.

마우스 오른쪽 클릭 시
편지 수신자가 안 뜰 때

컴퓨터에 따라서는 마우스 오른쪽 버튼을 클릭했을 때 [보내기]에 [편지 수신자] 항목이 나타나지 않을 때가 있다. 이런 경우는 기본 프로그램 설정이 되지 않아서 발생하는데, 다음과 같은 방법으로 해결할 수 있다.

■ 방법
① 아웃룩 익스프레스를 실행한다.
② 메뉴에서 [도구]-[옵션]을 선택한다.
③ [일반] 탭에서 "이 응용 프로그램은 기본 메일 처리기가 아닙니다."라고 표시된 줄에 있는 [기본값으로(K)] 버튼을 클릭한다.

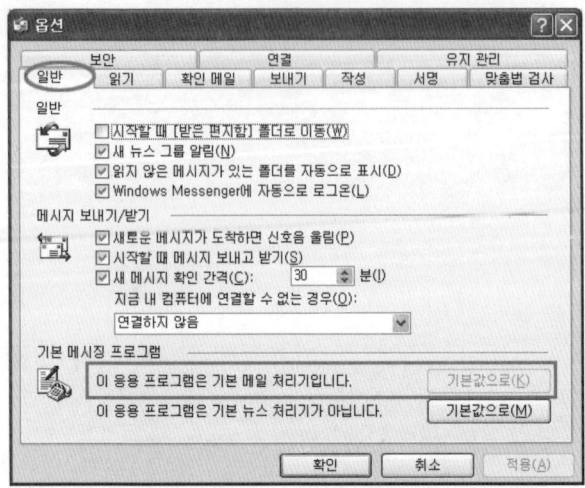

④ [적용] 버튼이 활성화되면 누른다. 컴퓨터를 재부팅하면 정상적으로 [편지 수신자] 메뉴 항목이 나타날 것이다.

아웃룩 익스프레스 데이터 백업 및 복원

아웃룩 익스프레스는 메일 데이터를 PC에 저장한다

아웃룩 익스프레스는 메일 서버로부터 이메일을 읽어와서 PC에 저장을 한다. 이렇게 저장된 이메일은 인터넷이 연결되어 있지 않아도 메일을 열어볼 수 있다.

그러나 윈도를 재설치하거나 하드 디스크를 포맷한 경우에는 메일 데이터가 모두 삭제되어 이전 메일을 확인할 수 없는 문제가 발생한다.

예고 없이 닥치는 이런 사고에 대비해 아웃룩 익스프레스의 데이터를 주기적으로 백업하거나, 애초에 윈도가 설치되지 않은 다른 드라이브에 저장되도록 폴더를 변경해 놓는 것이 좋다.

메일 데이터가 저장되는 위치 확인과 백업

아웃룩 익스프레스에서 읽어들인 메일이 PC 안의 어디에 저장되는지 그 위치를 알아보는 방법은 4장에서 이미 설명한 바 있다(62~65쪽 참조).

■ 방법

① 메일 데이터 저장 위치를 확인하기 위해 우선 메뉴에서 [도구]-[옵션]을 선택한 다음 [유지 관리] 탭을 클릭한다.
② 아랫부분에 있는 [폴더 저장]을 누르면 메일이 저장되는 위치를 확인할 수 있다.
③ 이제 메일이 저장되는 위치를 알았으면 윈도 탐색기를 통해 해당 경로를 찾아가서 해당 폴더에 있는 모

받은 편지함.dbx	1,867KB	DBX 파일
보낼 편지함.dbx	75KB	DBX 파일
지운 편지함.dbx	139KB	DBX 파일
Folders.dbx	8,394KB	DBX 파일
han.arts.music.jazz.dbx	139KB	DBX 파일
han.rec.cars.dbx	139KB	DBX 파일
han.talk.economy.dbx	139KB	DBX 파일
Offline.dbx	10KB	DBX 파일
Pop3uidl.dbx	74KB	DBX 파일

메일 데이터 파일

든 파일을 다른 드라이브에 복사하여 보관(백업)한다. 보관할 때는 따로 폴더를 만들어 보관하는 것이 관리하기 편하다.

백업된 메일 데이터의 복원

윈도를 재설치하는 경우에는 이메일 데이터가 모두 삭제되기 때문에 아웃룩 익스프레스에서 더 이상 이전 메일을 볼 수 없다.

물론 서버에서 삭제를 안 했다면 아웃룩 익스프레스의 계정 설정을 다시 해서 모든 이메일을 처음부터 다시 읽어 들이면 되므로 걱정하지 않아도 된다.

하지만 서버에서 메일을 삭제한 경우에는(시일이 오래 지나면 서버에서 메일을 자동으로 삭제한다) 백업해둔 데이터를 복원하여 사용하면 된다. 메일 데이터의 복원은 메일 데이터 저장 위치를 확인하는 단계까지는 같다.

■ 방법

① 메뉴에서 [도구]-[옵션]을 선택한 다음 [유지 관리] 탭을 클릭하고 [폴더 저장]을 누른다.

② [변경]을 클릭하여 메일이 저장되어 있는 폴더를 선택한다.

③ [확인]을 누르면 '선택한 폴더에 있는 저장소(이메일 데이터 파일)'를 사용할 것인지 확인하는 경고 창이 열리는데 이곳에서 [예(Y)]를 눌러준다.

④ 아웃룩 익스프레스를 닫은 후 재실행하면 백업해 놓았던 모든 이메일 데이터를 다시 확인할 수 있을 것이다.

메시지 규칙 저장 방법

 유료 프로그램인 MS 아웃룩에는 메시지 규칙을 저장하는 기능이 있지만, 아웃룩 익스프레스에는 메시지 규칙을 저장하는 기능이 없다.

 그래서 메시지 규칙을 저장(백업)해야 하는데, 조금은 복잡하고 위험스러운 방법을 사용해야 한다. 바로 레지스트리를 이용하는 방법이다.

 레지스트리란 컴퓨터에 설치된 모든 프로그램 정보가 저장되어 있는 데이터베이스이다. 사용자 프로필이나 설치된 프로그램, 각각의 프로그램과 데이터의 연결 등의 정보가 들어 있다. 레지스트리가 잘못되면 컴퓨터가 부팅되지 않을 수도 있으므로 컴퓨터에 대한 지식이 부족하다면 이용에 주의해야 한다.

레지스트리 편집기는 레지스트리의 내용을 변경하는 프로그램으로, 실행 파일은 'regedit'이다.

■ 레지스트리를 이용한 메시지 규칙 저장 방법
① 레지스트리 편집기 실행을 위해 윈도 메뉴의 [시작]-[실행]을 눌러서 입력 창이 나타나면 'regedit'라고 적은 뒤 [확인]을 누른다.

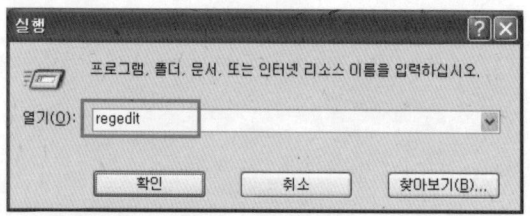

② 메시지 규칙 백업을 위해 화면과 같은 레지스트리 편집기가 실행되면 아래 경로에 맞게 단계적으로 찾아 들어간다.

HKEY_CURRENT_USER\Identities\{identity}\Software\Microsoft\Outlook Express\5.0\Rules\Mail

여기서 'Identities'의 하위 폴더를 보면 {E6744582-

F48C … F0C12}와 같은 게 있는데 PC마다 다르다. 이 값을 'identity'라고 하고 나중에 데이터를 복원할 때 이 값이 필요하다.

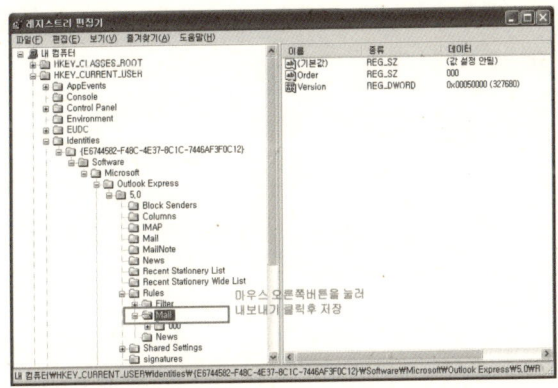

③ 가장 마지막 폴더인 'Mail'을 찾아 마우스 오른쪽 버튼을 눌러서 [내보내기]를 선택한 후 적당한 이름으로 저장한다. 여기서는 message.reg로 저장한 것으로 한다.

저장된 파일이 바로 메시지 규칙에 대한 정보를 담고 있는 파일이고, 확장자는 *.reg이다. 이 파일을 잘 보관해둔다.

■ 메시지 규칙 복원 방법

메시지 규칙을 복원하기 위해서는 복원할 PC에 설치된 아웃룩 익스프레스의 아이덴티티(identity)를 알아야 한다. 아이덴티티는 아웃룩 익스프레스를 한 번 이상 실행해야 부여되기 때문에 한 번도 실행하지 않았다면 먼저 아웃룩 익스프레스를 실행하고 닫는다.

① 윈도 메뉴의 [시작]-[실행]을 눌러서 입력 창이 나타나면 'regedit'라고 적은 뒤 [확인]을 눌러 레지스트리 편집기를 실행한다.
② 레지스트리 편집기에서 아래 경로를 찾아간다.
HKEY_CURRENT_USER\Identities
③ {E6744582-F48C-4E37-8C1C-7446AF3F0C12}와 비슷한 것이 'identity'이다. Identity를 한 번 클릭한 후 우측 화면에서 User ID를 더블 클릭하여 Identity를 복사한다.
④ 메모장에서 백업해둔 메시지 규칙 파일(message.reg)을 연다. 파일 내용에서 사각형으로 표시된 부분의 영어로 된 identity 값을 복사해둔 identity로 모두 바꿔준다.

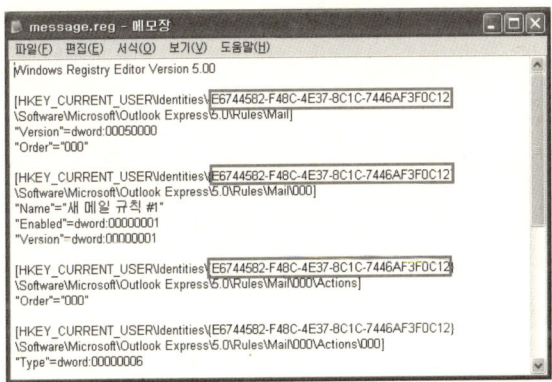

메시지 규칙이 많으면 바꿔야 할 identity도 많은데 이럴 때는 [편집]-[바꾸기] 기능을 이용하면 편하다.

⑤ 모두 바꾸었으면 저장한다.
⑥ identity를 수정한 레지스트리 파일을 마우스로 더블 클릭하여 레지스트리에 추가한다.

위와 같이 message.reg 파일을 레지스트리에 추가할 것인지 물으면 [예(Y)]를 누른다.
⑦ 이제 아웃룩 익스프레스를 실행하여 메시지 규칙이 복원되었는지 확인해보자.

주소록 백업하기

아웃룩 익스프레스에 저장된 주소록은 유사시에 대비해 별도로 백업을 해두는 것이 좋다. 그럼 주소록을 별도의 파일로 백업하는 방법에 대해 알아보자.

백업한 주소록은 컴퓨터에 문제가 발생한 경우 메일 주소를 원상태로 복원할 수도 있고 '아웃룩'이나 '다음'이나 '네이버'에서 이용할 수도 있다.

■ 방법

① 아웃룩 익스프레스 메뉴의 [도구]-[주소]를 선택한다.

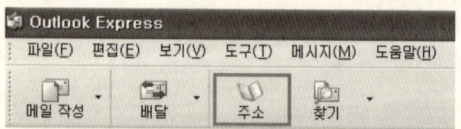

② 내보낼 파일 형식을 선택한다. 여기서는 가장 호환성이 좋은 'Text File(Comma Separated Values)' 형식(콤마로 분리한 텍스트 형식)을 선택하고 [내보내기]를 클릭한다.

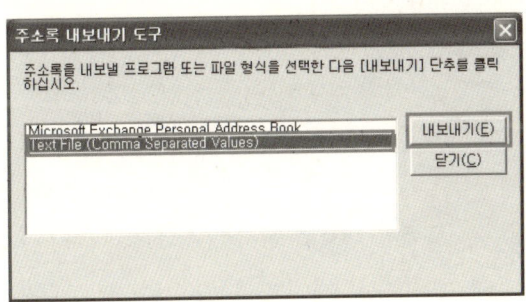

※ 아웃룩에서 이용하려면 'Microsoft Exchange Personal Address Book'을 선택한다.

③ [찾아보기]를 클릭하여 저장할 이름을 적고 [다음]을 클릭한다.

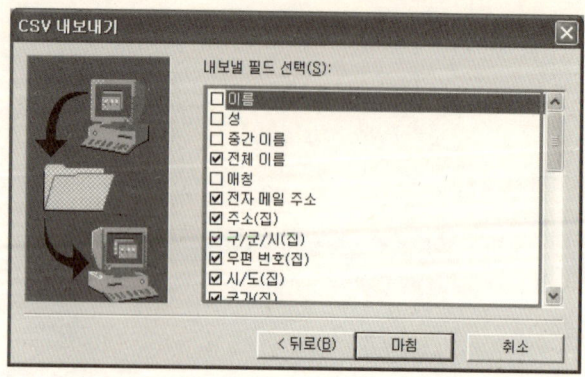

④ 주소록에서 내보낼 항목을 선택하고 [마침]을 누른다. 항목을 선택하지 않고 [마침]을 눌러도 무방하다.

한메일에서 주소록 가져오기

다른 메일 계정 주소록의 활용

국내 PC 사용자라면 아웃룩 익스프레스보다는 다음이나 네이버 등 웹메일을 많이 사용하고 있을 것이다. 그래서 자주 보내는 이메일 주소도 웹메일에 저장되어 있는 경우가 많다.

이번에는 이메일 이용자가 가장 많은 다음 한메일에 저장된 주소록을 아웃룩 익스프레스로 가져오는 방법을 알아보도록 하자.

가져오는 방법은 다음에서 주소록을 텍스트 파일로 저장한 후 아웃룩 익스프레스에서 주소록 가져오기 방식을 이용하면 된다.

■ 다음(Daum) 주소록을 파일로 내보내기

① 다음 홈페이지에 접속하여 로그인을 한다.
② 이메일 페이지로 이동한다.
③ 상단에 있는 [주소록]을 클릭한다.

④ 좌측 사이드 메뉴에서 [주소록 내보내기]를 클릭한다.

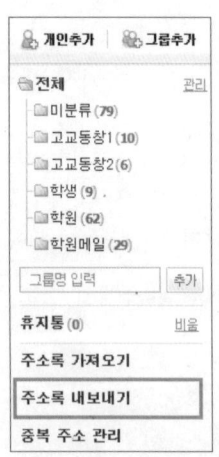

⑤ 상단에서 [파일로 내보내기]를 선택하면 아웃룩 주소록, 익스프레스 주소록, 일반 엑셀 파일 3종류로 주소록을 내보낼 수 있다.

'파일로 내보내기'를 하는 경우에는 내보낼 주소를 선택하지 못하고 모든 주소를 내보내게 된다. 아웃룩 익스프레스에서 사용할 것이므로 '익스프레스 주소록(CSV)'을 선택하고 [내보내기]를 클릭한다.

⑥ 저장할 파일명을 적고 저장한다.

다음 웹메일에 저장되어 있는 주소록이 파일로 만들어졌다. 그러면 이제 다음 웹메일 주소록 파일을 아웃룩 익스프레스로 가져와보자.

■ 주소록 파일을 아웃룩 익스프레스로 가져오기

① 아웃룩 익스프레스를 실행한 후 도구 줄에서 주소를 클릭한다. 도구가 안 보이면 메뉴에서 [도구]-[주소록]을 클릭하여 수소록을 연다.
② 열린 주소록 메뉴에서 [파일]-[가져오기]-[다른 주소록]을 차례로 클릭한다.

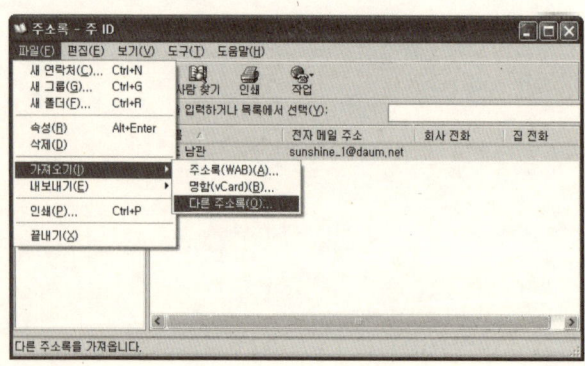

③ 가져올 파일 형식이 CSV(Comma Separated Values)이므로 'Text File(Comma Separated Values)'을 선택하고 [가져오기]를 클릭한다.

④ [찾아보기]를 클릭하여 다음(Daum)에서 저장했던 파일을 선택해준다.

⑤ 마지막 단계로 주소록에서 가져올 항목을 선택하고 [마침]을 누른다. 특별히 제외할 항목이 없다면 바로 [마침]을 누르면 된다.

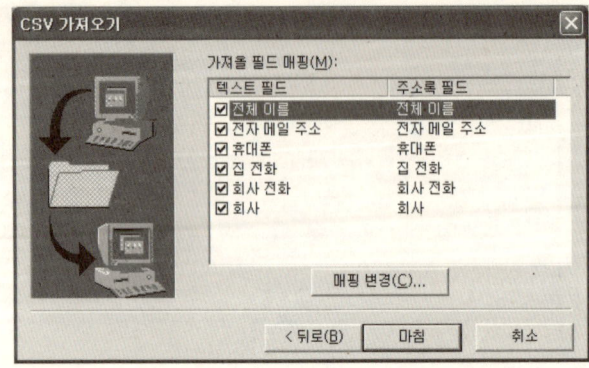

⑥ 순식간에 다음 주소록에 있던 이메일 주소가 아웃룩 익스프레스에 등록되었다.

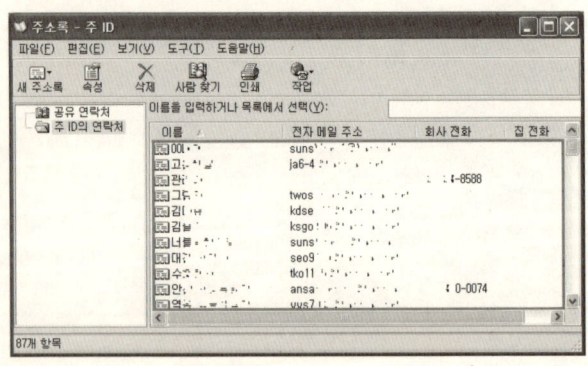

여기에서는 다음 한메일 주소록을 예로 들었지만, 네이버 주소록을 가져올 때도 같은 방법으로 하면 된다.

또한 아웃룩 익스프레스에서 백업한 주소록을 다음이나 네이버에서 사용할 수도 있다. 이 기능을 이용하면 여러 계정에 있는 이메일 주소를 하나로 통합 관리할 수 있다.

네이버 메일
아웃룩 익스프레스에서 읽기

네이버는 POP/SMTP를 지원하기 때문에 네이버 계정의 이메일을 아웃룩 익스프레스에서도 읽어들일 수 있다.

네이버 메일을 아웃룩 익스프레스에서 읽기 위한 계정 설정은 2장에서 설명한 바와 같지만 몇 가지 추가 설정을 해야 한다.

네이버에서는 다음, 구글과 마찬가지로 POP3/SMTP를 보안 연결 방식으로 서비스를 제공하기 때문이다.

아웃룩 익스프레스 설정을 위한 네이버 계정 정보

POP서버	pop.naver.com	SMTP 서버	smtp.naver.com
POP 포트	995, 보안 연결(ssl) 필요	SMTP 포트	465, 보안 연결(ssl) 필요
아이디	네이버 아이디	비밀번호	네이버 로그인 비밀번호

step 6. SOS 아웃룩 익스프레스

네이버 POP3/SMTP 사용 설정

아웃룩 익스프레스의 계정 설정을 하기 전에 네이버 홈페이지에서 아래와 같은 방법으로 POP3/SMTP 사용 여부를 설정한다.

① 네이버 홈페이지(www.naver.com)에 접속하여 로그인을 한다.
② [메일]을 클릭하여 이메일 화면으로 이동한다.
③ 왼쪽 사이드의 메일 보관함 아래 [외부 메일 가져오기] 옆에 있는 [설정] 버튼을 클릭한다.

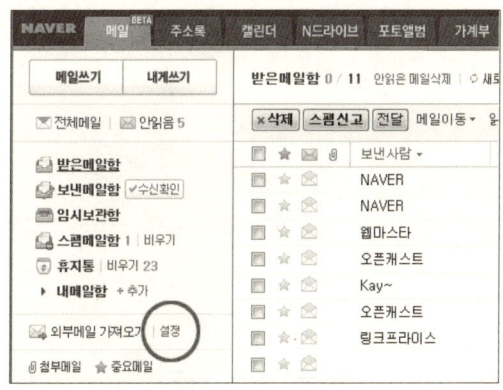

④ 팝업 창이 열리면 왼편에서 [POP3/SMTP 설정]을 클릭한다.

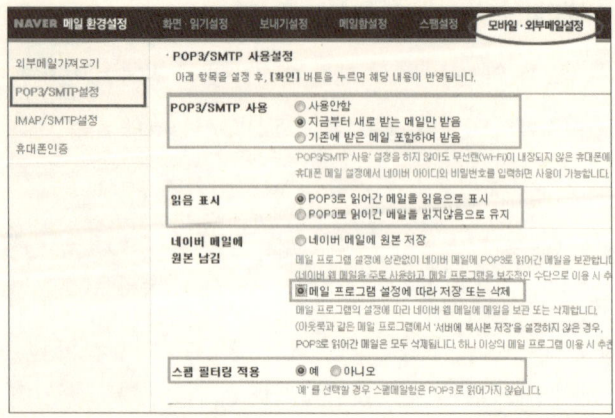

- **POP3/SMTP 사용** : 아웃룩 익스프레스에서 이메일을 읽어들이는 방법을 정하는 항목으로, 일반적으로 '지금부터 새로 받는 메일만 받음'을 선택한다.

- **읽음 표시** : 아웃룩 익스프레스에서 메일을 받아 갔을 때 읽음으로 표시할지 여부를 선택하는 항목으로, 필요에 따라 선택하면 된다.

- **네이버 메일에 원본 남김** : 아웃룩 익스프레스가 메일을 받아 가면 네이버에서 메일이 삭제되는데, 삭제를 원치 않으면 '네이버 메일에 원본 저장'을 선택하면 된

다. 단, 아웃룩 익스프레스에 있는 '서버 복사본 저장' 설정과 중복되지 않도록 설정한다.

- 스팸 필터링 설정 : '예'를 선택한다.

⑤ 설정을 모두 마쳤으면 [확인]을 누른다. 이제 아웃룩 익스프레스에서 네이버 메일을 가져다 읽을 수 있다.

아웃룩 익스프레스에서 네이버 계정 설정

아웃룩 익스프레스에 네이버 계정을 설정하는 과정은 2단계로 나누어진다. 1단계는 기본 설정이고 2단계는 보안 설정이다.

■ 1단계 : 네이버 계정 등록

네이버 계정 등록은 2장 내용의 '계정과 환경 설정하기'에서 아웃룩 익스프레스 계정 등록 방법을 보고 따라 하면 된다.

■ 2단계 : 보안 설정

① 1단계를 마친 다음 [도구]-[계정]을 선택한다.
② 계정 목록에서 네이버 메일 계정을 선택하고 [속성]을 클릭한다.

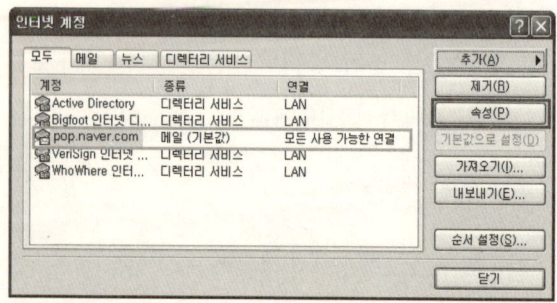

③ 속성 창에서 [고급] 탭을 선택한다.

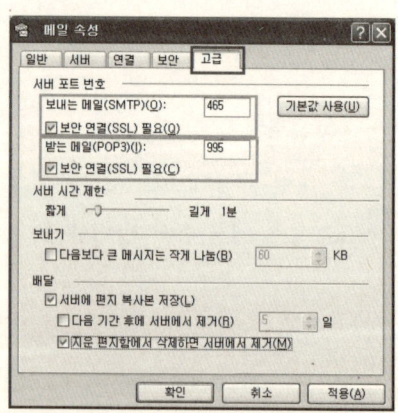

앞에서 요약해놓은 네이버 계정 정보(120쪽 참조)를 보고 다음 내용을 입력한다.

- 보내는 메일 포트번호 : 465 입력
- 보안 연결(SSL) 필요 : 체크
- 받는 메일(POP3) 포트 : 995
- 보안 연결(SSL) 필요 : 체크

이제 보안 설정은 끝났다. 하단 '배달' 영역의 '서버에 편지 복사본 저장'을 편의대로 선택한 다음 [확인]을 누르면 된다.

이제 아웃룩 익스프레스 메뉴에서 [배달]을 클릭하면 네이버 메일을 갖고 와서 보여줄 것이다.

참고로 다음(한메일), 구글도 네이버와 똑같은 방법으로 계정 설정을 하면 별 어려움이 없을 것이다.

Seven Days Master Series

step 7

윈도7 이용자를 위한 MS 아웃룩 활용

MS 아웃룩 실행과 설정

윈도7에서는 아웃룩 익스프레스를 지원하지 않는다. 그러므로 만약 컴퓨터에 MS 오피스가 설치되어 있다면 MS 아웃룩을 이용해야 한다.

아웃룩은 MS 오피스 설치 시 기본적으로 함께 설치되지만 설치가 안 되어 있다면 MS 오피스 CD를 넣고 설치하면 된다.

아웃룩을 이용하는 방법은 아웃룩 익스프레스와 거의 같다고 보면 된다. 왜냐하면 아웃룩에 있는 기능 가운데 메일 관리와 주소록 기능만을 추출하여 무료로 서비스되는 것이 아웃룩 익스프레스이기 때문이다.

MS 아웃룩 실행

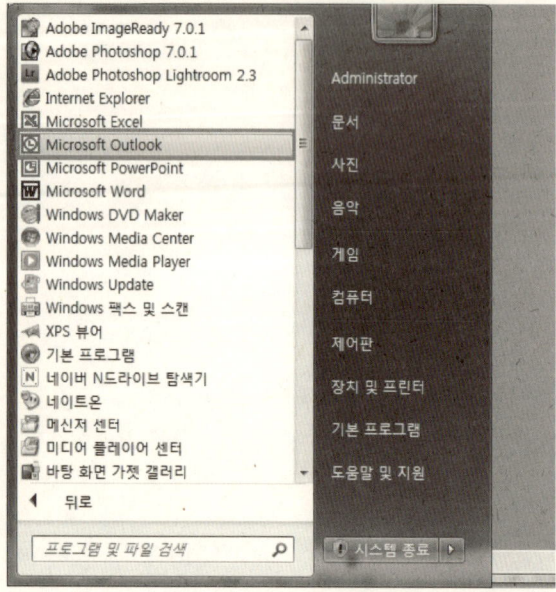

MS 오피스가 설치되어 있다면, 윈도 메뉴에서 [시작]-[모든 프로그램]-[Microsoft Outlook]을 차례로 선택한다. [모든 프로그램] 메뉴 안에 [Microsoft Outlook] 항목이 없다면 'Microsoft Office' 그룹에서 실행이 가능하다.

아웃룩 계정 설정

아웃룩도 아웃룩 익스프레스와 마찬가지로 사용할 계정 설정을 해야 한다. 계정 설정 방법은 아웃룩 익스프레스와 비슷하므로 순서대로 따라 하면 별 어려움 없이 쉽게 설정할 수 있을 것이다.

■ 아웃룩 계정 설정 방법

① 아웃룩 메뉴에서 [도구]-[전자 메일 계정]을 차례로 선택한다.

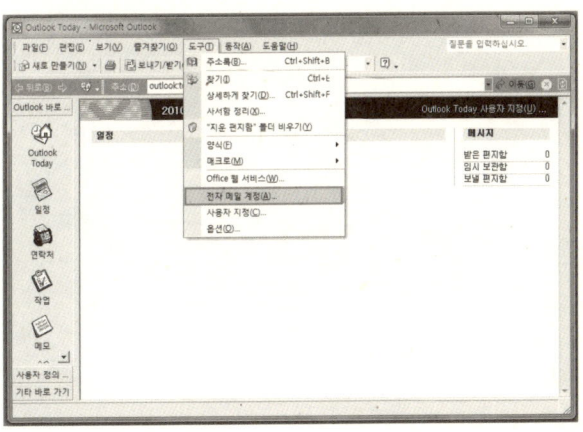

② '전자 메일' 영역에서 '새 전자 메일 계정 추가'를 선택한 후 [다음] 버튼을 누른다.

수정할 때는 '기존의 전자 메일 계정 보기 또는 변경'을 선택하면 된다.

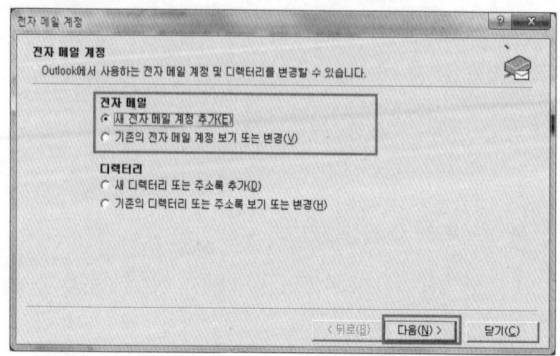

③ '서버 유형'에서 'POP3' 선택 후 [다음]을 누른다.

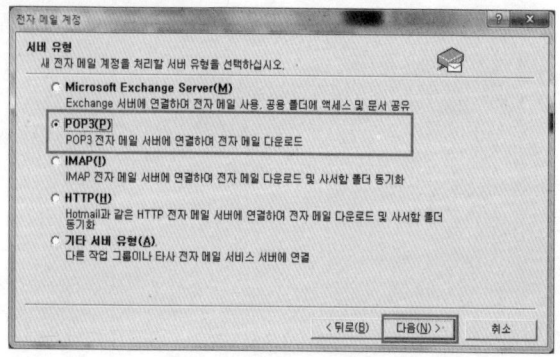

④ '인터넷 전자 메일 설정' 화면이 나타나면 1장의 이

메일 계정을 참고하여 순서대로 값을 입력하면 된다.

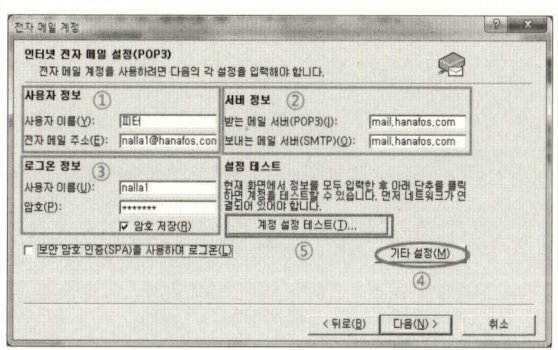

■ 계정 설정 예 : 하나포스(SK브로드밴드)

만일 하나포스(SK브로드밴드) 메일 아이디가 'nalla1'이라면 전자 메일 계정 설정은 아래와 같이 하면 된다.

• 사용자 정보

　- 사용자 이름 : 자신의 닉네임이나 이름

　- 전자 메일 주소 : nalla1@hanafos.com

• 서버정보

　- 받는 메일 서버(POP3) : mail.hanafos.com

　- 보내는 메일 서버(SMTP) : mail.hanafos.com

• 로그온 정보

　- 사용자 이름 : 하나포스 아이디(nalla1)

- 암호 : 하나포스 이메일 계정 비밀번호

① 사용자 정보, 서버 정보, 로그온 정보를 모두 입력한다. 로그온 정보 입력 시 '암호 저장'에 체크하면 메일을 읽을 때마다 암호를 입력할 필요가 없다. 다만 여러 사람이 사용하는 컴퓨터라면 암호를 저장하면 안 된다.

② [기타 설정]을 클릭하여 인증에 대한 설정을 한다. 보내는 메일 서버를 설정하는 경우에는 대부분 인증이 필요하다. 즉 로그인 정보가 있어야 메일을 보낼 수 있다.

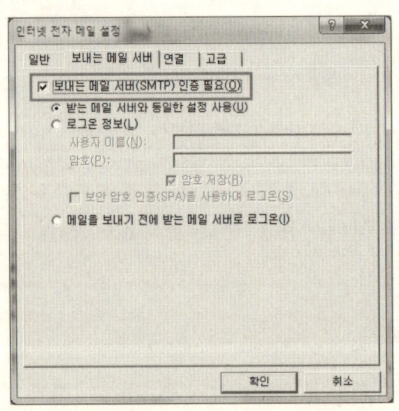

[보내는 메일 서버] 탭을 클릭하여 '보내는 메일 서버(SMTP) 인증 필요'에 체크한 후, '받는 메일 서버와 동일한 설정 사용'을 선택하고 [확인]을 누른다.

③ 모든 내용을 입력했으면 [계정 설정 테스트]를 클릭한다. 설정한 계정에 이상이 있는지 확인하는 단계로, 설정한 계정이 이상이 없다면 상태에 모두 완료로 표시된다.

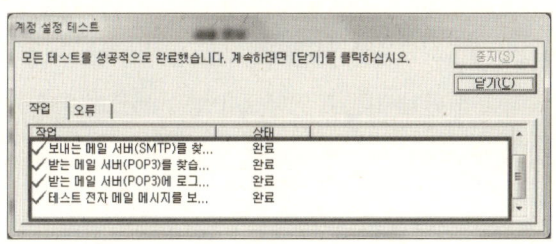

계정 설정 테스트 결과 창을 닫고 [다음]을 클릭한다.

⑤ 여기까지 진행했다면 계정 설정 과정은 끝난 것이다. [마침]을 누르면 설정된 계정 목록이 표시된다.

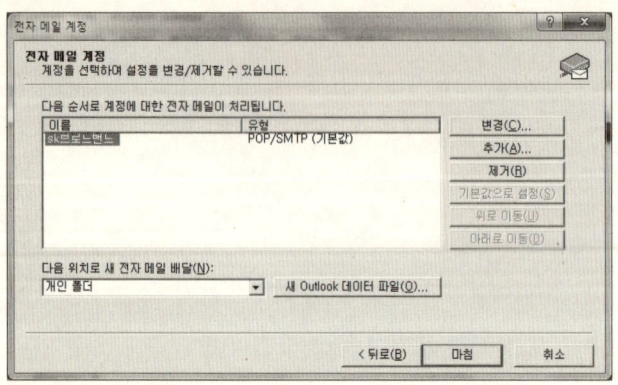

계정 이름은 '인터넷 전자 메일 설정' 화면(133쪽)에서 [기타 설정]을 누르고 [일반] 탭을 클릭하여 '메일 계정' 영역에서 변경해줄 수 있다. [마침]을 누르면 아웃룩 화면이 표시된다.

MS 아웃룩으로
메일 보내기와 받기

설정이 완료되었으면 이제 메일을 확인해보자.

■ 메일 받기(단축키 : F9)
[도구]-[보내기/받기]-[계정 선택] 또는 [모든 계정]

■ 메일 보내기(단축키 : Ctrl+N)
[파일]-[새로 만들기]-[메일 메시지]

아웃룩 화면 왼쪽 사이드의 [사용자 정의 바로 가기]에서 메일을 확인할 수 있다. [사용자 정의 바로 가기]를 클릭한 다음 '받은 편지함'을 열어보면 설정한 메일 계정에서 읽어온 메일을 확인할 수 있다.

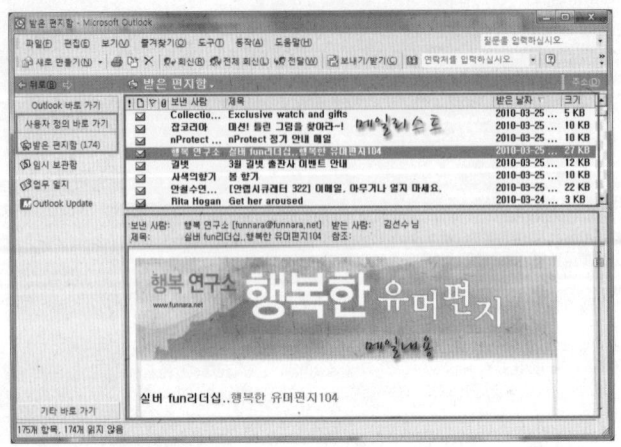

메일이 없다면 도구 모음 줄에 있는 [보내기/받기]를 누르거나, 메뉴에서 [도구]-[보내기/받기]를 누르면 메일을 자동으로 읽어들인다.

부록

아웃룩 익스프레스 200% 활용 팁

html 원본(소스) 편집 -
메일 작성 창에서 알아두면 좋은 기능 -
보낸 편지함에 복사본 저장 -
나만의 메일 폼 만들기 -
이메일에 서명 만들어 추가하기 -
이미지가 차단되어 보이지 않을 때 -
이메일이 발송되지 않을 때 -
이메일 보내고 받는 방법 설정 -
이메일 미리 보기 창 감추기 -
중요 메일에 플래그 설정하기 -
이메일 정렬하기 -
메일 계정 설정 백업하기 -
아웃룩 익스프레스 기능키 및 단축키 -
아웃룩 익스프레스 아이콘 설명 -

html 원본(소스) 편집

아웃룩 익스프레스는 기본적인 웹에디터를 제공하므로 글자 크기나 굵기 등 글자 속성을 지정할 수 있고, 문장 정렬이나 들여쓰기, 이미지 삽입, 그림 삽입을 할 수 있다.

그런데 필요에 따라서 소스(원본)를 직접 편집해야 하는 경우가 있다. 다른 프로그램에서 작성된 html 소스나 웹에서 복사해 온 데이터를 아웃룩에서 사용해야 하는 경우, 또 간단한 표를 작성해야 할 때는 소스 창에서 수정하거나 직접 html 태그를 입력해야 한다.

그런데 아웃룩 익스프레스는 기본적으로 원본 편집을 할 수 없는 상태로 설정되어 있다. 그래서 원본(소스) 편집을 위해서는 메뉴에서 [원본 편집]을 선택해야 한다.

■ 방법

메일 작성 창에서 [보기]-[원본 편집]을 선택한다.

이 설정은 한 번만 해주면 다음부터 계속 적용된다.

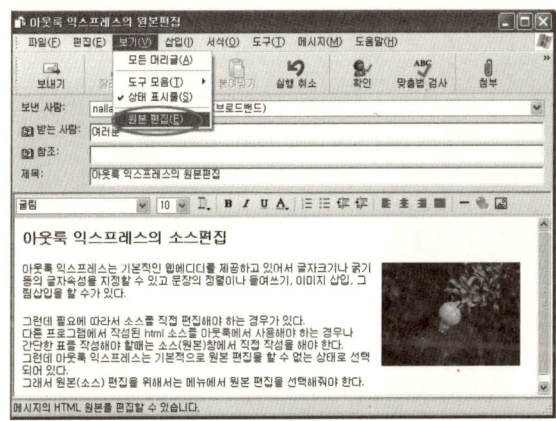

html 소스 창 보기 설정

아래 그림은 원본 편집 화면을 선택한 화면이다. [미리 보기]를 누르면 편집한 내용을 볼 수 있다.

html 소스 보기

메일 작성 창에서 알아두면 좋은 기능

아웃룩 익스프레스에서 가장 많이 사용하는 기능은 메일 쓰기와 메일 읽기 기능이다. 여기에서는 메일 작성 창에서 알아두면 좋은 기능 몇 가지를 소개한다.

- 스타일
- 글머리와 번호 매기기
- 내가 보낸 메일 수신 여부 확인하기
- 서식-배경(그림, 배경 색, 소리 등)
- 메일 나중에 보내기

1) 메일 작성 창의 도구 모음

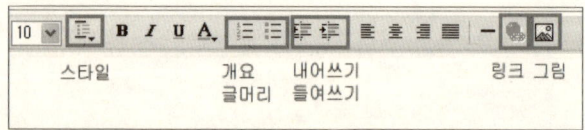

위 그림은 메일 작성 창의 윗부분에 위치하고 있는 도구 모음이다. 글자의 굵기나 글자 색을 선택할 수 있고 개요, 스타일, 들여쓰기, 내어쓰기, 링크, 그림 삽입, 정렬을 할

수 있는 도구로 구성되어 있다.

아래 설명하는 내용들을 사용하기 위해 필요한 아이콘들이 이곳에 있으므로 기억해두기 바란다.

2) 스타일

스타일은 자주 사용하는 글꼴, 글자 크기, 문단 모양 등을 미리 설정해놓고 필요할 때 간단하게 적용하여 사용할 수 있는 기능이다.

이러한 스타일은 워드프로세서에서 많이 사용하는 기능이지만 아웃룩 익스프레스에서도 기본적으로 스타일이 정의되어 있어서 메일을 작성할 때 필요에 따라 사용할 수 있다.

현재 아웃룩 익스프레스에 정의되어 있는 스타일은 제목 1~제목 6, 번호 매기기, 글머리표, 메뉴 목록, 단락, 주소 등이 있다. 그중에서 주로 사용되는 기능은 제목 스타일과 글머리표, 번호 매기기이다.

■ 스타일 적용 방법

이메일 내용 중 스타일 적용을 원하는 범위를 블록 설정하고, 메일 작성 창의 윗부분에 있는 도구에서 스타일 아이콘을 클릭하여 원하는 스타일을 선택하면 된다.

3) 글머리와 개요

글머리나 개요는 목록을 나열할 때 주로 사용되며, 목록의 앞부분에 들어가는 기호문자는 '글머리' 일련번호는 일반적으로 '개요'라 한다. 아웃룩 익스프레스에서 개요는 '번호 매기기'라고 한다.

```
• 스타일                              1. 스타일
• 글머리와 번호매기기                 2. 글머리와 번호매기기
• 읽음확인메일                        3. 읽음확인메일
• 서식 - 배경 (그림, 배경색, 소리등)  4. 서식 - 배경 (그림, 배경색, 소리등)
• 메일 나중에 보내기                  5. 메일 나중에 보내기

        글머리표                              개요(번호)
```

글머리표와 개요 비교

위의 그림을 참조하면 글머리와 개요(번호 매기기)가 무엇인지 쉽게 파악할 수 있다.

■ 글머리나 개요 적용 방법

이메일 내용 중 글머리표의 적용을 원하는 범위를 마우스로 끌어서 블록을 설정한 후 [글머리]나 [번호 매기기] 아

이콘을 누르면 된다.

적용을 잘못한 경우에는 스타일 중 '표준'을 선택하면 원상태로 된다.

4) 보낸 메일에 대하여 수신 여부 확인하기

누군가에게 메일을 보내고 나면 메일이 제대로 전송되었는지 또는 읽었는지 궁금할 때가 있다. 특히 사업 제휴와 관련된 메일이나 업무상 중요한 메일인 경우 '수신 확인'은 더욱 필요하다.

웹메일(다음, 네이버 등의 메일)의 경우 '수신 확인함'이 있어서 보낸 메일을 수신자가 읽었는지 확인할 수 있는데, 웹메일처럼 완벽하진 않지만 아웃룩 익스프레스에서도 메일을 보내고 상대방이 수신을 했는지 확인할 수 있는 방법이 있다. 바로 메일 확인 요청을 하는 방법이다.

■ 메일 수신 여부 설정
① 아웃룩 익스프레스의 메일 작성 창에 있는 메뉴 중 [도구]-[읽음 확인 메일 요청]을 클릭하면 된다.
  이 방법은 중요한 메일을 보내고 나서 상대방이 읽었

는지 확인하고 싶을 때 메일을 보내기 전에 매번 선택해주는 방법이다.

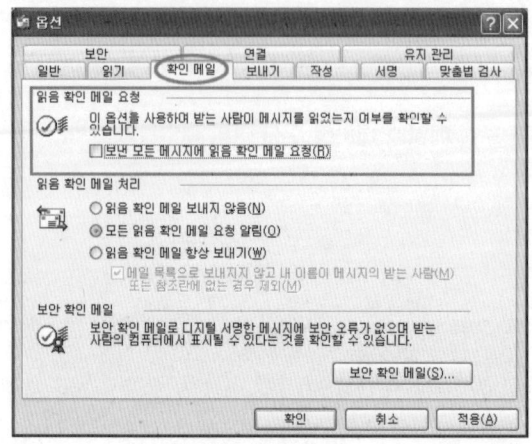

읽음 확인 메일 요청 설정

② 두 번째 방법은 아웃룩 익스프레스의 옵션 메뉴를 이용하는 것으로, 메뉴에서 [도구]-[옵션]을 선택한 후 상단에서 [확인 메일] 탭을 클릭한다.
이곳에서 '보낸 모든 메시지에 읽음 확인 메일 요청'을 체크한 후 [확인]을 누른다.

이렇게 설정을 해놓으면 이후부터 보내는 모든 이메일에 자동으로 읽음 확인을 요청하게 된다.

읽음 확인 요청을 하면 수신자가 이메일을 열었을 때 "이 메시지를 보낸 사람이 사용자가 메시지를 읽었는지 여부를 나타내는 응답을 요청했습니다. 확인 메일을 보내시겠습니까?"라는 메시지를 보여주고, '예'나 '아니오'를 선택하도록 한다. 메일 수신자가 '예'를 누르면 읽음 확인 메일이 발송되어 메일 발송자가 수신 확인을 할 수 있다.

이 방법의 단점은 상대방이 '아니오'를 누르면 확인이 안 된다는 점이지만, 프로젝트나 중요한 사업 관련 메일이라면 서로 상대방을 알기 때문에 '아니오'를 누르는 일은 없을 것이다.

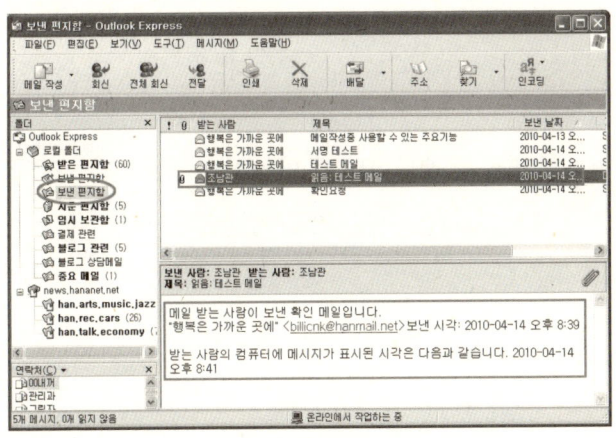

읽음 확인 메일

상대방이 메일을 읽었는지 여부의 확인은 '받은 편지함'이나 '보낸 편지함'에서 가능하다. 수신한 경우 제목에 '읽음'이라는 단어가 추가되어 있다.

5) 배경이나 소리 넣기

메일을 작성할 때 메일의 배경 색이나 배경 그림, 사운드를 삽입하여 색다른 메일을 보낼 수도 있다.

물론 편지지를 이용하거나 메일 폼을 만들어 이용하는 방법도 있지만 이 방법은 언제든지 간단하게 이용할 수 있다는 장점이 있다.

■ 방법

메일 작성 중에 [서식]-[배경] 메뉴를 선택하여 배경 색이나 배경 그림, 소리를 지정해주면 된다.

6) 메일 나중에 보내기

작성한 메일을 바로 보내지 않고 나중에 보내야 하는 경우가 있다. 많이 사용하지 않는 기능이지만 아웃룩 익스프레스에서는 작성한 메일을 나중에 보낼 수 있는 기능을 제공한다. 작성한 메일에 내용을 추가하거나 파일을 첨부하여 보내야 하는 경우에도 사용할 수 있다.

■ 방법

메일 작성 화면의 [파일] 메뉴에서 [나중에 보내기]를 클릭하면 작성한 메일이 '보낼 편지함'에 저장된다.

보낼 편지함에 저장된 내용은 [배달] 버튼을 눌렀을 때 또는 지정한 시간에 메일을 확인할 때 자동으로 배달된다.

만약에 내용을 추가하여 보내야 하는 경우에는 메일을 '임시 보관함'으로 옮겨 놓는 것이 안전하다. 실수로 배달이 될 수도 있기 때문이다.

메일을 이동하려면 메일의 제목을 끌어서 이동을 원하는 폴더(메일함)로 끌어다 놓으면 된다.

보낸 편지함에 복사본 저장

업무상 메일을 활용하거나 소중한 사람에게 전송한 메일 등 보낸 메일을 보관해야 하는 경우가 많다.

웹메일의 경우 특별한 설정을 하지 않아도 메일을 보내면 보낸 메일을 보관함으로써 필요할 때 다시 열어서 확인할 수 있고, 아웃룩 익스프레스에서도 보낸 메일을 보관할 수 있다. 방법은 다음과 같다.

■ 방법

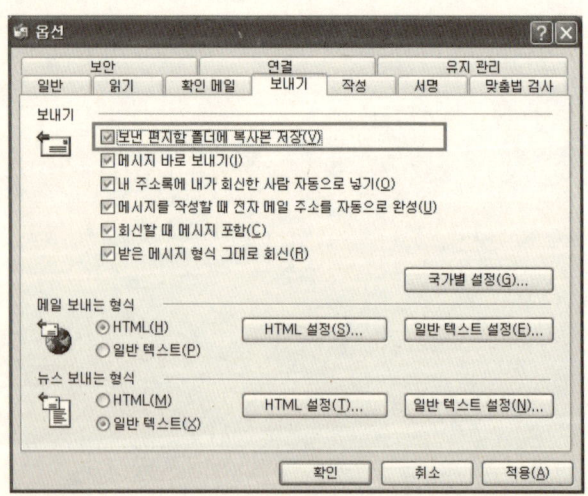

[도구]-[옵션] 메뉴를 선택한 후 [보내기] 탭을 클릭하여 '보낸 편지함 폴더에 복사본 저장'에 체크하고 [적용]을 누르면 이후부터 보내는 메일은 '보낸 편지함'에 자동으로 저장된다. 저장된 메일은 특별히 지우지 않으면 계속 남아 있게 된다.

웹메일의 경우에는 사용할 수 있는 메일 공간이 제한되어 있으므로 필요 없는 메일은 주기적으로 정리하여 삭제할 필요가 있다.

나만의 메일 폼 만들기

아웃룩 익스프레스에는 자신이 만든 메일 폼을 추가할 수 있는 기능이 있다. 나만의 멋진 편지지를 만들어 메일을 보낼 때마다 사용해도 되고, 이름·직함·전화번호 등 업무상 필요한 내용으로 레터 용지처럼 구성할 수도 있다.

편지지는 아웃룩 익스프레스에서 제공되는 마법사를 이용하여 만들 수도 있고, '나모 웹에디터'나 '드림위버' 같은 HTML 웹에디터를 이용해 직접 꾸며도 된다.

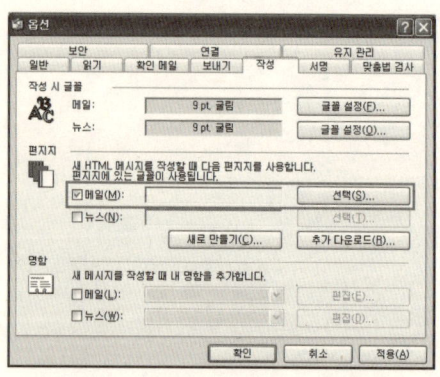

메일 폼 만들기

■ 편지지 만들기 및 편지지 선택 방법

메뉴에서 [도구]-[옵션]을 선택한 다음 탭에서 [작성]을 클릭한다. 편지지 영역의 '메일'과 '뉴스' 중 메일을 체크하고 [선택]을 누른다.

선택 창이 열리면 이미 만들어져 있는 여러 종류의 편지지에서 마음에 드는 것을 지정하면 된다. 여기에서 선택한 편지지는 이후 메일을 작성할 때 기본으로 사용하는 편지지가 된다.

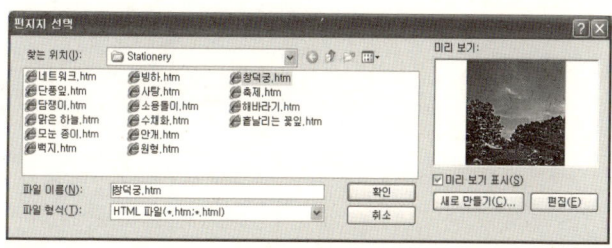

편지지 선택 화면

편지지 만들기 위젯을 사용하여 나만의 편지지를 만들고 싶다면 편지지 선택 창의 우측에 있는 [새로 만들기]를 클릭한다. 그러면 편지지를 만들 수 있는 위젯이 실행되고 단계적으로 선택하여 쉽게 편지지를 만들 수 있다.

또 HTML 웹에디터를 이용하여 작성한 편지지가 있다면 해당 편지지를 찾아서 선택하면 된다.

이메일에 서명 만들어 추가하기

서명은 메일을 보낼 때 메일의 끝 부분에 꼬리말처럼 자동으로 추가되는 기능이다. 명언을 적어도 좋고 마케팅 담당자나 세일즈맨이라면 연락처, 회사명, 이름 등을 서명으로 등록해도 좋다.

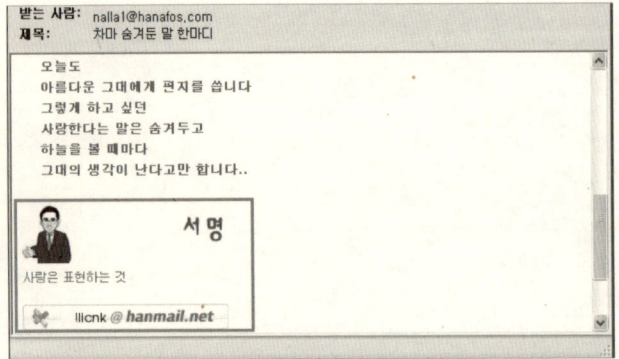

서명이 추가된 메일

1) 서명 만드는 방법

① 메뉴에서 [도구]-[옵션]을 선택한 후 [서명] 탭을 클릭한다.

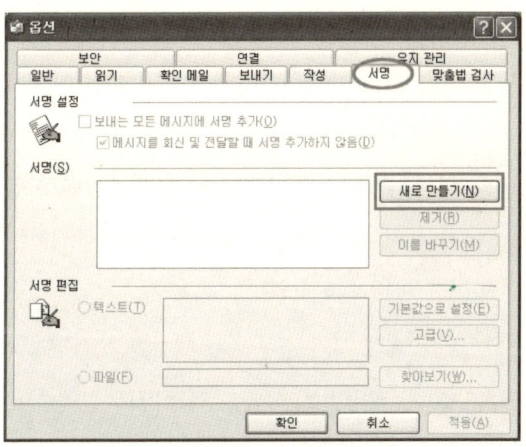

② [새로 만들기]를 클릭하여 서명의 이름 및 하단의 서명 편집 프레임에 서명을 등록한다.

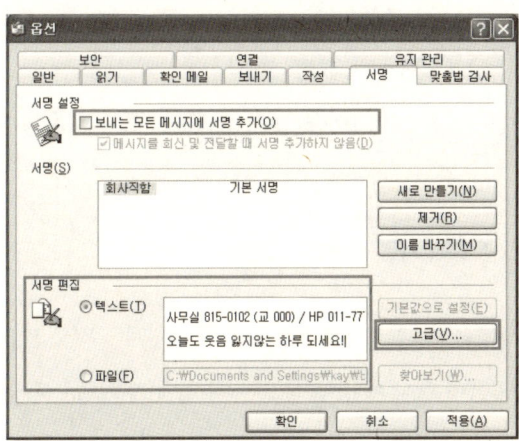

- **텍스트** : 꾸밈이 없이 글자로만 서명을 만들 수 있다.
- **파일** : 나모 웹에디터 등을 이용해서 서명을 멋지고 개성 있게 꾸민 후 html 파일로 저장하여 사용할 수 있다. 저장된 서명 파일을 이용하려면 서명 편집에서 [파일]을 선택하고 [찾아보기]를 클릭하여 서명 파일을 선택해주면 된다.

③ 서명이 여러 개인 경우에는 계정별로 서명을 선택할 수 있다. 계정별로 서명을 따로따로 선택하려면 [고급]을 클릭하여 선택하면 된다.

④ 서명이 여러 개인 경우 어떤 서명을 사용할 것인지 지정할 수 있다. 설정을 원하는 서명을 선택한 후 서명 편집 프레임에서 [기본값으로 설정(E)]을 클릭해주면 된다.

⑤ 서명을 추가했으면 [확인]을 눌러 설정을 마친다.

2) 메일에 서명 적용하는 방법

서명을 보내는 방법으로는 특정인에게만 선택적으로 서명을 붙여 보내는 방법과 모든 메일에 자동으로 서명을 붙여 보내는 방법이 있다.

서명이 추가된 메일 작성 화면

■ 특정인에게만 서명 추가하기

메일 작성 중 [삽입]-[서명]을 선택하면 된다.

■ 모든 메일에 서명 추가하기

[도구]-[옵션] 메뉴 [서명] 탭에서 '보내는 모든 메시지에 서명 추가'를 체크해주면 된다.

'보내는 모든 메시지에 서명 추가'를 선택한 상태에서 [메일 작성]을 누르면 서명이 본문에 자동으로 추가되어 발송되는 모든 메일에 서명이 붙는다.

이미지가 차단되어 보이지 않을 때

아웃룩 익스프레스에서 이메일을 열면 이미지가 표시되지 않고 차단된다. 보안을 목적으로 한 것이기도 하고, 광고 메일의 경우 보기에 불편한 사진도 있기 때문에 차단한 것이기도 하다.

차단된 이미지는 메일 창 상단에 "보낸 사람이 사용자의 컴퓨터를 식별하는 것을 방지하기 위해 일부의 사진이 차단되었습니다. 사진을 다운로드하려면 여기를 클릭하십시오."라고 적힌 부분을 클릭하면 이미지를 볼 수 있다.

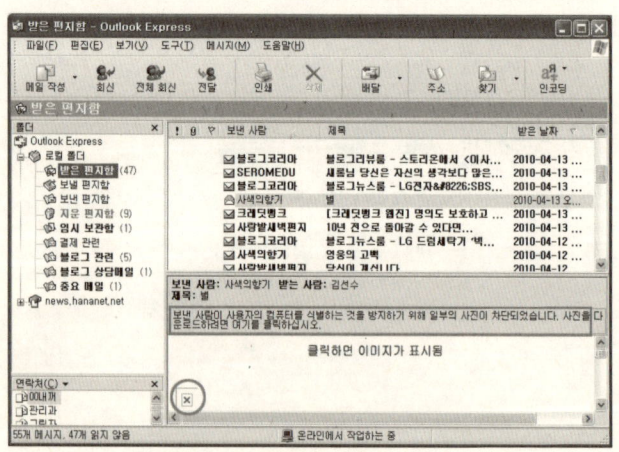

이미지가 차단된 메일

하지만 이미지를 보기 위해 매번 차단 메시지를 클릭하는 것이 때론 불편할 수도 있다.

또 아웃룩 익스프레스의 메시지 규칙을 이용하면 광고나 스팸 메일을 서버로부터 받지 않거나 '지운 편지함'으로 보낼 수 있기 때문에 이미지를 차단할 필요가 없는 경우도 있다.

이와 같이 메일에 첨부된 이미지가 차단되는 것이 불편하다면 아웃룩 익스프레스의 옵션에서 이미지 차단 여부를 설정하면 된다.

■ 이미지 차단 또는 차단 해제 방법

① 메뉴에서 [도구]-[옵션]을 선택한다.
② [보안] 탭을 선택한다.
③ 이미지 다운로드 프레임의 'HTML 전자 메일의 이미지 및 다른 외부 컨텐트를 차단'에서 이미지 차단 여부를 선택한다.
④ 이미지 차단을 해제하려면 체크를 풀고, 이미지를 차단하고 싶다면 체크 상태로 놔두면 된다.

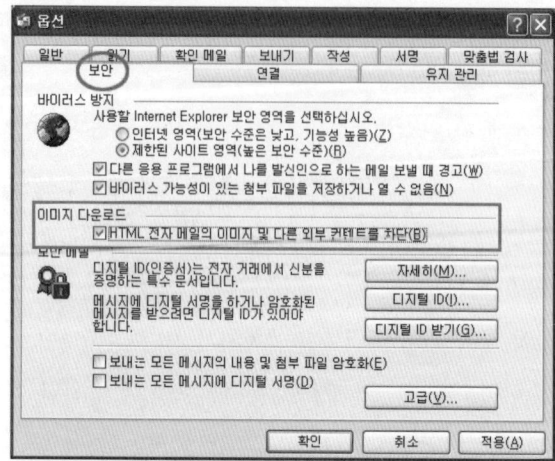

이미지 차단 여부 선택

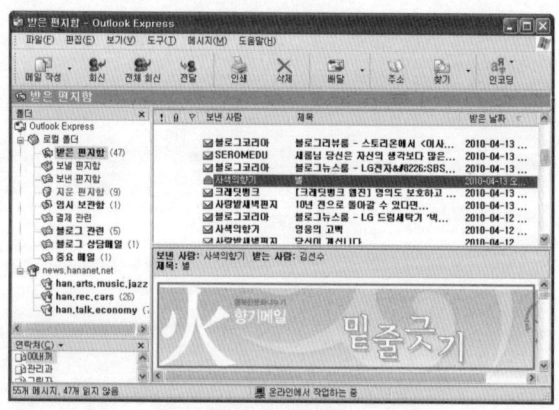

이미지 차단 해제 후 이미지가 나타난 모습

부록. 아웃룩 익스프레스 200% 활용 팁

이메일이 발송되지 않을 때

이메일을 작성한 다음 [보내기]를 클릭했는데 메일이 발송되지 않고 '보낼 편지함'으로 이동되는 문제가 발생한다면 아웃룩의 옵션 설정에서 해결할 수 있다.

■ 해결 방법

① 메뉴에서 [도구]-[옵션]을 차례로 선택하고 [보내기] 탭을 클릭한다.
② '보내기' 영역에 있는 '메시지 바로 보내기' 항목을 체크하면 된다. '메시지 바로 보내기' 항목이 체크되어 있으면 이메일을 보내기 할 때 이메일이 바로 발송되고, '메시지 바로 보내기' 항목이 체크되어 있지 않으면 [배달]을 누르거나 '새 메시지 확인 간격'에서 지정한 시간에 메일이 발송된다.

이메일 보내고 받는 방법 설정

아웃룩 익스프레스는 메일을 보내고 받는 방법에 대하여 이용자가 직접 설정할 수 있는 옵션을 제공한다.

메일이 도착했는지 확인하는 시간, 메일이 도착하면 신호음으로 알리기, 아웃룩 익스프레스가 시작될 때 메일을 자동으로 읽어오기 등의 설정을 할 수 있다.

이메일을 보내고 받는 옵션은 [도구]-[옵션] 메뉴를 선택한 후 [일반] 탭을 클릭하여 설정한다.

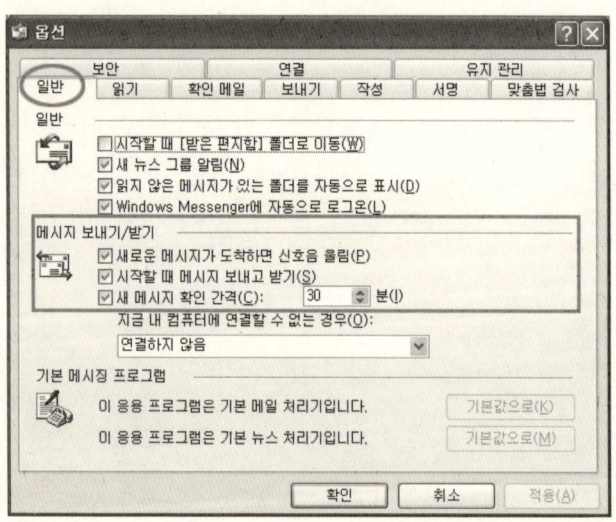

- 새 메일 확인 시간 설정
- 메일이 도착하는 신호음으로 알리기
- 시작할 때 메일 보내고 받기

1) 새 메일 확인 시간 설정

이메일이 도착하면 메일 서버에 저장되고, 메일을 확인하기 위해서는 메일 서버에 접속을 해야 한다.

아웃룩 익스프레스는 실행되는 동안 주기적으로 메일 서버에 접속하여 메일을 보내고 받는 기능을 수행한다.

특별히 설정을 하지 않으면 30분 주기로 메일을 보내고 받는데, 중요 메일을 되도록 빨리 확인하기 위해서는 확인 간격을 줄여놓아야 한다.

메일을 보내고 받는 주기는 '새 메시지 확인 간격'에서 변경할 수 있으며, 시간 간격은 분 단위로 설정하면 된다.

메일 도착 여부를 바로 확인하기 위해서는 [배달]을 클릭하면 된다.

2) 메일이 도착하면 신호음으로 알리기

새로운 메일이 도착하면 신호음을 울려 이용자가 메일이 도착했음을 바로 알 수 있게 하는 기능이다.

이 기능을 활성화하려면 '새로운 메시지가 도착하면 신호음 울림'을 체크하고, 메일 도착 시 울리는 신호음이 거슬린다면 체크를 해제한다.

신호음은 윈도의 테마에 영향을 받으며, 변경은 [제어판]의 [사운드, 음성 및 오디오장치]-[소리 구성표 변경]에서 할 수 있다.

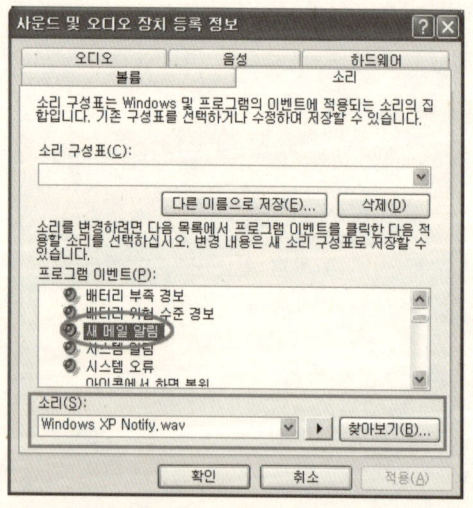

앞의 그림과 같은 창이 뜨면 '프로그램 이벤트' 목록에서 '새 메일 알림'을 클릭한 다음 '소리' 목록에서 찾거나 [찾아보기]를 눌러 사운드를 선택하면 된다.

3) 시작할 때 메일 보내고 받기

아웃룩 익스프레스를 실행하면 자동으로 메일을 보내고 받아 오도록 설정되어 있다. 만약에 아웃룩 익스프레스를 시작할 때 메일을 자동으로 받아 오거나 보내는 것을 원치 않는다면 옵션에서 '시작할 때 메시지 보내고 받기' 항목의 체크를 해제하면 된다.

이메일 미리 보기 창 감추기

아웃룩 익스프레스 화면은 크게 3단으로 구성되어 있다. 왼쪽은 폴더, 중앙 상단은 이메일 목록, 중앙 하단은 메일 미리 보기 창으로 배치되어 있다.

미리 보기 창은 이메일 목록에서 제목을 클릭하면 메일의 내용을 미리 보여주는 창인데, 보고 싶지 않은(삭제하려고 클릭한 경우 등) 불필요한 메일 내용까지 보게 되는 단점이 있다.

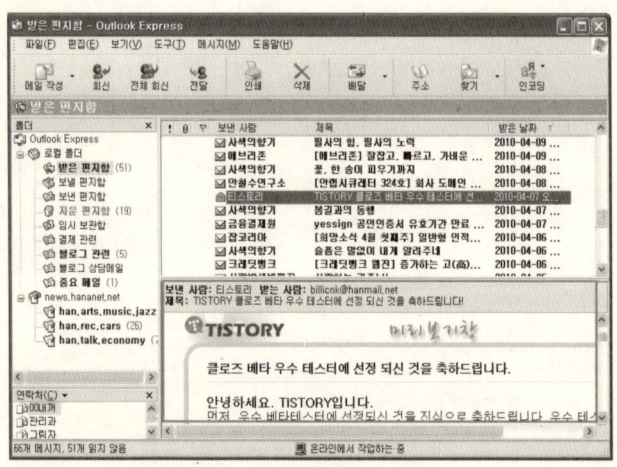

미리 보기 창

이런 경우 미리 보기 창을 없애고 웹메일처럼 메일 목록만 볼 수 있도록 설정하는 방법이 있다.

■ 방법
① 메뉴에서 [보기]–[레이아웃]을 선택한다.
② 아웃룩 익스프레스의 레이아웃을 설정하는 창이 열리는데, 아래쪽의 미리 보기 창 영역에서 '미리 보기 창 표시'로 메일 내용 표시 여부를 선택할 수 있다.
③ '미리 보기 창 표시'의 체크를 해제하면 미리 보기 창이 더 이상 나타나지 않는다.

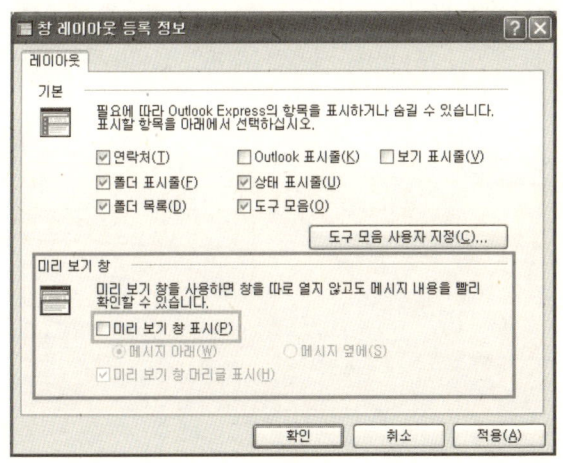

미리 보기 창 설정

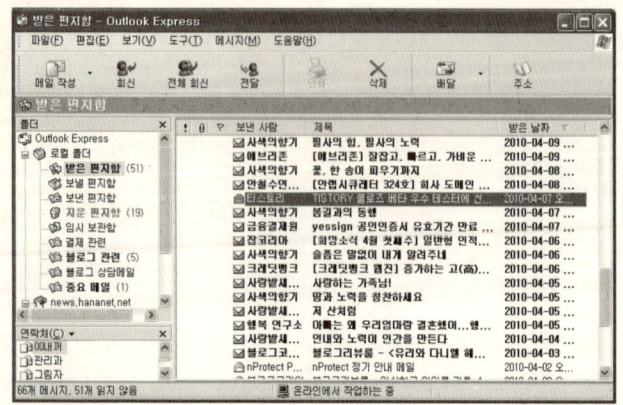

미리 보기 창이 사라진 화면

미리 보기 창을 이용하는 경우, 창을 메일 목록의 아래쪽에 표시할지 오른쪽 옆에 표시할지 위치를 선택할 수 있다. 와이드 모니터를 사용하는 경우에는 오른쪽(메시지 옆)에 표시하는 것이 편리하다.

중요 메일에 플래그 설정하기

중요한 이메일이나 현재 진행 중인 프로젝트와 관련된 이메일 등 참조가 필요한 메일에 아래 화면처럼 플래그를 표시하여 메일을 관리할 수 있다.

메일을 플래그순으로 정렬하면 플래그가 표시된 메일만 한 번에 볼 수 있다.

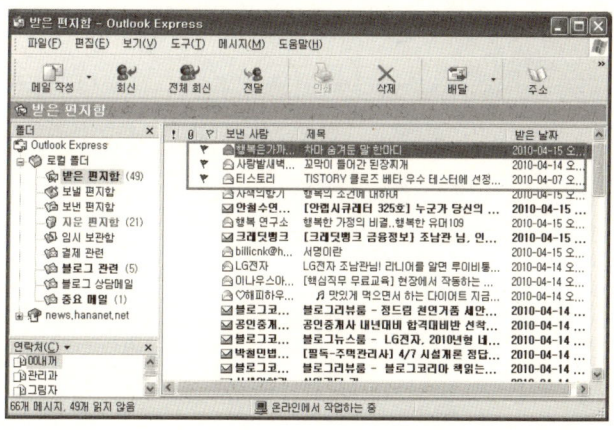

■ 플래그 표시 방법 1

메일을 선택한 상태에서 [메시지]-[메시지에 플래그 지정]을 선택하여 필요한 메일에 대해 하나 하나 플래그를 지정한다.

■ 플래그 표시 방법 2

메시지 규칙을 이용해 메일이 도착하면 자동으로 플래그를 지정하도록 설정한다. 메시지 규칙은 4장 내용 중에서 '메일 필터링을 이용한 스팸 처리와 메일 자동 분류' 내용을 참조하면 된다.

이메일 정렬하기

메일이 하나 둘 쌓이면 필요에 따라 메일을 정렬해서 봐야 하는 경우가 있다. 일반적으로는 메일을 받은 날짜를 기준으로 최신 날짜가 위로 오도록 정렬하지만 보낸 사람 순서로 정렬을 한다든가 제목순, 플래그순으로 정렬을 해야 하는 경우도 있다.

!	0	▽	보낸 사람	제목	받은 날짜 ▽
			사색의향기	행복의 조건에 대하여	2010-04-15 오...
	✉		안철수연...	[안랩시큐레터 325호] 누군가 당신의 ...	2010-04-15 ...

이메일을 원하는 순서대로 정렬하는 방법은 매우 간단하다.

■ 방법

메일 목록의 상단에 있는 타이틀을 클릭하면 정렬 방식을 바꿀 수 있다. 예를 들어 제목순으로 정렬하고 싶다면 제목을 클릭하면 되는데, 한 번 누르면 오름차순 또 한 번 누르면 내림차순으로 정렬된다.

메일 계정 설정 백업하기

아웃룩 익스프레스의 사용을 위해서는 가장 먼저 해야 할 일이 계정 설정 작업이다. 이렇게 설정해놓은 계정은 한 번 설정하면 더 이상 설정할 필요가 없기 때문에 시간이 지나면 설정값을 잊어버려 재설정을 해야 하는 경우에 어려움을 겪을 수도 있다.

또 많은 계정을 갖고 있다면, 컴퓨터를 바꾸거나 포맷하거나 윈도를 재설치하는 경우가 발생하면 계정 설정을 다시 하기가 무척 번거롭다. 이때를 대비해 설정한 메일 계정을 백업해놓도록 하자.

계정 설정을 백업해놓으면 다시 계정 설정을 해야 할 때 여러 계정을 일일이 설정할 필요 없이 간단하게 설정 데이터를 가져오기만 하면 되므로 매우 편리하고, 설정 값을 기억할 필요도 없다.

1) 계정 설정 백업하기(내보내기)

① 설정한 계정을 내보내기 위해 [도구]-[계정]을 선택한다.

② 내보낼 메일 계정을 선택한 후 오른쪽의 탭에서 [내보내기]를 클릭한다.

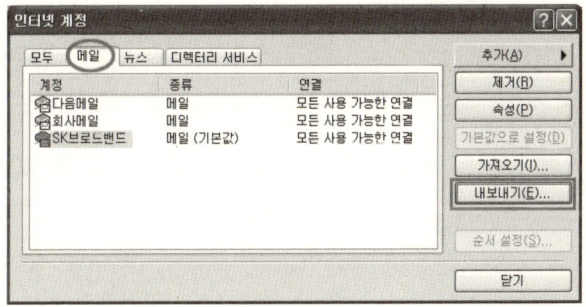

③ 계정 설정 파일을 저장할 폴더를 선택하고 파일 이름을 적은 후 [저장]을 클릭한다. 단점은 각 계정별로 모두 내보내기를 해야 한다는 점이다.

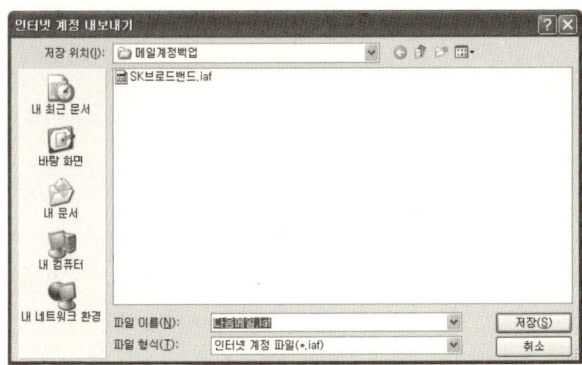

2) 계정 설정 가져오기

메일 계정 설정이 필요할 때 저장해놓은 계정 설정 파일이 있다면 '가져오기' 기능을 이용해 쉽게 계정 설정을 할 수 있다.

방법은 [도구]-[계정]을 선택한 후 [가져오기]를 클릭하여 저장(백업)해놓은 계정 설정 파일을 선택하면 된다.

아웃룩 익스프레스 기능키 및 단축키

아웃룩 익스프레스를 자주 이용하는 경우에 단축키를 이용하면 원하는 작업을 더 편리하고 빠르게 할 수 있다.

모든 단축키를 사용하기란 불가능하고 자주 사용하는 기능키나 단축키 몇 개만 외워도 매우 편리하게 아웃룩 익스프레스를 사용할 수 있을 것이다.

모든 메일을 선택할 때 사용하는 Ctrl + A, 읽은 상태로 표시하는 Ctrl + enter, 새 메일 쓰기 Ctrl + N, 검색 시 사용되는 F3 등은 가장 자주 사용하는 기능키이다.

메인, 메일 보기, 메일 보내기 창에서 사용하는 단축키

기능	키
도움말 항목 열기	F1
모든 메일 선택	Ctrl+A

메인 및 메일 보기 창에서 사용하는 단축키

기능	키
선택한 메일 인쇄	Ctrl+P
전자 메일 보내기 및 받기	Ctrl+M
전자 메일 메시지 삭제	Del 또는 Ctrl+D
새 메일 열기 또는 게시	Ctrl+N
주소록 열기	Ctrl+Shift+B
메일 작성자에게 회신	Ctrl+R
메일 전달	Ctrl+F
전체 회신	Ctrl+Shift+R 또는 Ctrl+G(뉴스에만 해당)
받은 편지함으로 이동	Ctrl+I
목록의 다음 메일 이동	Ctrl+〉 또는 Ctrl+Shift+〉
목록의 이전 메일 이동	Ctrl+〈 또는 Ctrl+Shift+〈
선택한 메일의 속성 보기	Alt+Enter
뉴스 메시지 및 머리글 새로 고침	F5
읽지 않은 다음 전자 메일 메시지로 이동	Ctrl+U
읽지 않은 다음 뉴스 대화로 이동	Ctrl+Shift+U
폴더로 이동	Ctrl+Y

메인 창에서 사용하는 단축키

기능	키
선택한 메일 열기	Ctrl+O 또는 Enter
메시지를 읽은 상태로 표시	Ctrl+Enter 또는 Ctrl+Q
폴더 목록(선택된 경우), 메일 목록, 미리 보기 창 및 연락처 목록(선택된 경우)간 이동	Tab

모든 뉴스 메시지를 읽은 상태로 표시	Ctrl+Shift+A
뉴스 그룹으로 이동	Ctrl+W
뉴스 대화 확장(모든 응답 표시)	왼쪽 화살표 또는 +기호
뉴스 대화 축소(메시지 숨기기)	오른쪽 화살표 또는 -기호
읽지 않은 다음 뉴스 그룹 또는 폴더로 이동	Ctrl+J
오프라인에서 읽을 수 있도록 뉴스 다운로드	Ctrl+Shift+M

메일 창에서 사용하는 단축키

기능	키
메일 닫기	Esc
텍스트 찾기	F3
메일 찾기	Ctrl+Shift+F
편집, 원본 및 미리 보기 탭간 전환	Ctrl+Tab

메일 창 보내기에만 해당하는 단축키

기능	키
이름 확인	Ctrl+K 또는 Alt+K
맞춤법 검사	F7
서명 삽입	Ctrl+Shift+S
메일 보내기(게시)	Ctrl+Enter 또는 Alt+S

아웃룩 익스프레스 아이콘 설명

아웃룩 익스프레스를 이용하다 보면 여러 종류의 아이콘을 볼 수 있는데, 아이콘별 의미를 표로 정리해보았다.

아이콘	의미
🔗	이 메시지에는 하나 이상의 파일이 첨부되어 있습니다.
!	보낸 사람이 이 메시지에 높은 우선순위를 표시했습니다.
↓	보낸 사람이 이 메시지에 낮은 우선순위를 표시했습니다.
◁	이 메시지를 읽었습니다. 메시지 머리글이 가늘게 표시됩니다.
✉	이 메시지를 읽지 않았습니다. 메시지 머리글이 굵게 표시됩니다.
↩	이 메시지는 회신 메시지입니다.
↪	이 메시지는 전달된 메시지입니다.
📝	이 메시지는 임시 보관함에서 진행 중입니다.
✉	이 메시지는 디지털 서명되어 있으며 아직 열지 않았습니다.
✉	이 메시지는 암호화되어 있으며 아직 열지 않았습니다.
✉	이 메시지는 디지털 서명 및 암호화되어 있으며 아직 열지 않았습니다.
◁	이 메시지는 서명되어 있으며 이미 열었습니다.
◁	이 메시지는 암호화되어 있으며 이미 열었습니다.
◁	이 메시지는 디지털 서명 및 암호화되어 있으며 이미 열었습니다.
⊞	이 메시지의 응답이 축소되어 있습니다. 대화를 확장하여 모든 응답을 표시하려면 아이콘을 클릭하십시오.
⊟	메시지 및 모든 응답이 확장되어 있습니다. 대화를 축소하여 모든 응답을 숨기려면 아이콘을 클릭하십시오.
▽	IMAP 서버에 읽지 않은 메시지 머리글이 있습니다.

부록. 아웃룩 익스프레스 200% 활용 팁

🗑	IMAP 서버에 열린 메시지에 삭제 표시가 되어 있습니다.
▼	이 메시지에 플래그가 지정되었습니다.
♪	이 IMAP 메시지가 다운로드된 것으로 표시되어 있습니다.
⊞♪	이 IMAP 메시지 및 모든 대화가 다운로드된 것으로 표시되어 있습니다.
⊟♪	이 개별 IMAP 메시지(대화 없음)가 다운로드된 것으로 표시되어 있습니다.

아웃룩 익스프레스 7일 만에 끝내기

펴낸날	**초판 1쇄 2010년 4월 30일**

지은이 **조남관**
펴낸이 **심만수**
펴낸곳 **(주)살림출판사**
출판등록 **1989년 11월 1일 제9-210호**

경기도 파주시 교하읍 문발리 파주출판도시 522-2
전화 031)955-1350 팩스 031)955-1355
기획·편집 031)955-1364
http://www.sallimbooks.com
book@sallimbooks.com

ISBN 978-89-522-1414-0 13320

* 값은 뒤표지에 있습니다.
* 잘못 만들어진 책은 구입하신 서점에서 바꾸어 드립니다.

책임편집 **강재인**